RENÉ FERET

CHEF DU LABORATOIRE DES PONTS-&-CHAUSSÉES
A BOULOGNE-SUR-MER

QUELQUES FAMILLES VEXINOISES

PAR UN DE LEURS DESCENDANTS

ÉDITÉ PAR LA REVUE DES MATÉRIAUX DE CONSTRUCTION ET DE TRAVAUX PUBLICS,
148, Boulevard Magenta, à Paris,
EN REMERCIEMENT D'ARTICLES DONNÉS PAR L'AUTEUR A LA REVUE.

1926

Jean-Claude-Louis PETIT
(1737 † 1806)

Marie-Blandine LASSERAY
(1737 † 1823)

Louis-François-Joseph PETIT
(1772 † 1852)

Marie-Louise ROUSSEL
(1770 † 1854)

QUELQUES FAMILLES VEXINOISES,

PAR UN DE LEURS DESCENDANTS.

Pourquoi faut-il qu'au moment où je me décide à publier ces notes, il reste si peu de représentants des générations qu'elles auraient le plus intéressés en réveillant en eux les lointains souvenirs de faits rapportés par une tradition directe ou même personnellement vécus ?

Mais les recherches nécessaires pour amasser une documentation de cette nature ne sont jamais terminées. A mesure qu'elles progressent, elles ouvrent par là même un champ de plus en plus étendu à de nouvelles investigations, de plus en plus passionnantes, et l'on remet à plus tard, quand elles auront enfin abouti, le compte rendu de leurs résultats.

Depuis plus de trente ans je poursuis ce mirage toujours fuyant, et voici que mes cheveux ont blanchi ; mes épaules commencent à se courber sous le poids des années, et mon travail est encore sur le chantier, sans cesse renvoyé à des loisirs incertains, relégué au second plan par tout un enchaînement d'autres études non moins captivantes et d'un intérêt plus général.

A l'œuvre donc, et, pendant qu'il en est sans doute temps encore, hâtons-nous de le donner tel qu'il est, malgré ses imperfections et ses lacunes.

Sous son titre d'une généralité peut-être un peu prétentieuse, le présent travail a pour but de reconstituer les généalogies des principales familles dont sont issus les descendants, actuellement très nombreux, de LOUIS-FRANÇOIS-JOSEPH PETIT, le « papa PETIT », comme je l'entendais constamment désigner par ses petits-enfants, tous disparus à leur tour. Dès lors, c'est à partir de cet aïeul que nous conviendrons de dénombrer les générations tant ascendantes que descendantes, puisqu'il n'existe, ni dans le passé ni dans l'avenir, aucune limite où l'on puisse fixer invariablement une origine à cette numération. De la sorte, le degré de filiation entre un descendant et un ascendant quelconques de cet auteur commun sera exprimé par la somme des deux numéros de génération correspondants.

Pour guider le lecteur dans le dédale des noms cités, on distinguera par des **CAPITALES GRASSES** nos ascendants directs, par des CAPITALES ORDINAIRES les oncles et tantes, enfin par des PETITES CAPITALES les conjoints de ces derniers et les descendants des branches collatérales.

Puisses-tu, parent lointain ou proche, parcourir ces lignes avec les mêmes sentiments que j'éprouve en les écrivant, et, pareil au pieux Oriental prosterné devant l'autel des ancêtres, communier avec moi dans le culte de la famille.

*
* *

Région riante et fertile, le Vexin français, où s'écoulèrent jusqu'au milieu du xixe siècle les nombreuses vies qui vont être évoquées, comprenait presque exclusivement la partie nord du département actuel de Seine-et-Oise et une petite bande de celui de l'Oise ; il était limité au N.-E. par le Beauvoisis, au S.-E. par l'Oise, au S.-O. par la Seine et au N.-O. par l'Epte, qui le séparait du Vexin normand.

Ce dernier, pays de grande culture et l'un des greniers de la France, est encore tout parsemé de souvenirs de la guerre de Cent ans ; il avait pour capitale Gisors, aux ruines romantiques, alors que celle du Vexin français était Pontoise, également dominée par les pittoresques débris d'une ancienne citadelle.

1

Pendant très longtemps les Vexinois normands ont continué à être considérés comme de véritables étrangers, et les églises de la rive gauche de l'Epte ont psalmodié la litanie : *A furore Normannorum libera nos Domine!* Je me suis laissé dire que, près d'un demi-siècle encore après la Révolution française, les habitants des deux côtés de la frontière ne pouvaient se marier entre eux sans une autorisation épiscopale. En ce cas, il ne serait pas impossible que cette règle continuât à être appliquée quand, il y a cent deux ans, mon grand-père paternel, Vexinois normand, homme placide qui certes n'avait conservé aucune hérédité de la « fureur » ancestrale, épousa ma grand-mère, Vexinoise française.

C'est uniquement de la famille de cette dernière qu'il s'agira dans ces notes, comme aussi c'est aux membres de cette famille qu'elles s'adressent plus spécialement.

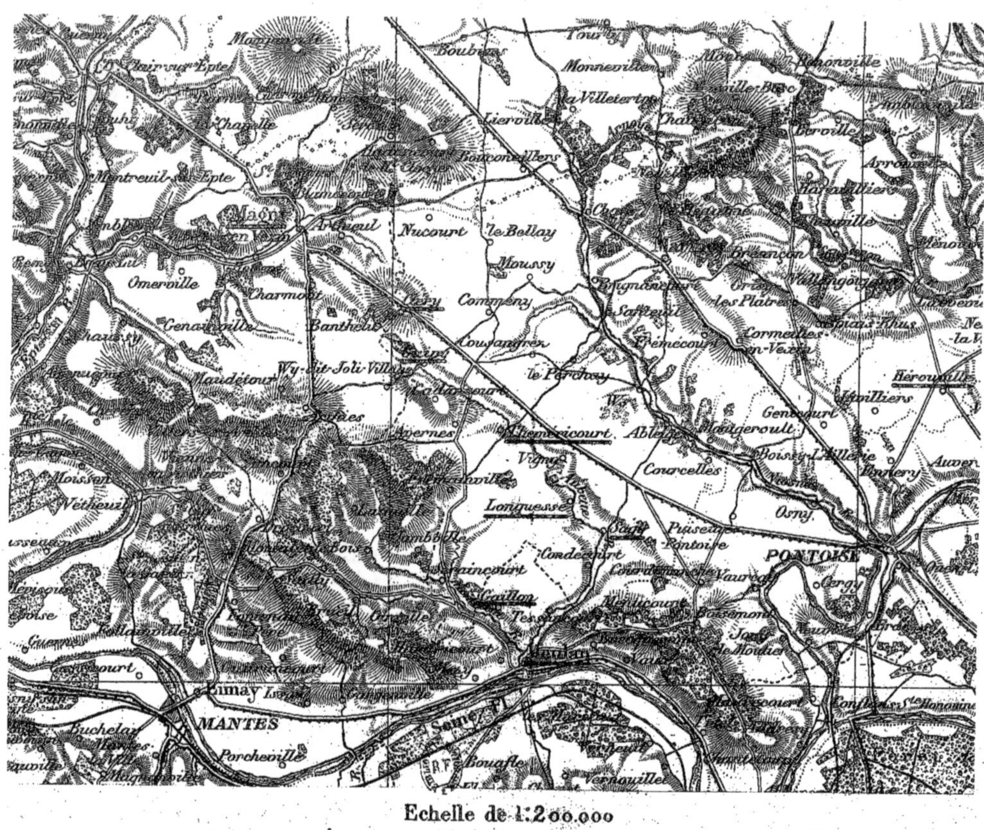

I. FAMILLE LASSERAY

Comme la plupart des noms de famille, celui-ci a tout d'abord reçu des anciens scribes ou desservants de paroisses des orthographes variées, purement phonétiques, telles que Laceré et Lasseré ; c'est celle de Lasseray qui a fini par s'établir, et quelques rares membres de cette famille ont fait précéder leur nom de la particule.

Dès le 20 janvier 1466 on trouve un Pierre de Saint-Julien, seigneur de Lasseré, signant un traité d'alliance avec Jeanne Chabot, de la maison de Jarnac (1).

Un Louis Lasseré, de Tours, qui mourut en 1542, fut grand maître du collège de Navarre et écrivit une vie de Saint-Louis.

Un M. de Lasseré, conseiller à la seconde Chambre des Requêtes en 1706, avait pour père un conseiller au Parlement, pour aïeul un secrétaire du Roy et des Commandements de Madame la Duchesse d'Orléans, femme de Gaston de France, et pour bisaïeul un receveur du Domaine en Poitou (2).

5e génération
ascendante

Le premier **LASSERAY** dont j'aie trouvé trace comme étant sûrement notre ancêtre s'appelait **LOUIS** et était laboureur à Sagy, pays de sa femme, **DENISE PARQUET**, mais ne semble pas originaire de ce village, où, par contre, les **PARQUET** étaient nombreux. Il mourut le 12 novembre 1668 à Gaillon (près Meulan), où habitaient ses fils **LOUIS** et **DENIS**. J'ignore s'il eut d'autres enfants.

4e génération

Son fils **LOUIS**, sieur des Bourbies, était garde de la porte de Monsieur, frère unique du Roy et duc d'Orléans. Il prit pour femme **CHARLOTTE DE LORME** (3), dont il eut plusieurs enfants, notamment LOUIS, MARTIN et **DENISE**. Cette dernière naquit à Gaillon le 3 mars 1682, épousa à Théméricourt, le 9 décembre 1702, **ROGER PETIT**, et mourut à Théméricourt le 14 avril 1707, après avoir eu, le 15 mai 1704, un fils, **LÉGER PETIT**, qui est l'un de nos ancêtres dans la branche des **ROUSSEL**.

L'autre frère, **DENIS LASSERAY**, avait pour femme **MICHELLE CAUCHOIS**. De ce mariage sont nés, à Gaillon, au moins trois filles : MARIE (1640), PAULINE (1644) et CATHERINE (1649), et un fils, nommé aussi **DENIS**, de qui nous descendons également.

*
* *

3e génération

Ce deuxième **DENIS LASSERAY**, que nous appellerons « le fils » pour le distinguer de son père, eut, à Gaillon, le 15 août 1672, d'une nommée Anne Costard, une fille illégitime, nommée MARIE, qui ne vécut que dix ans.

(1) Anselme, Du Fourny, etc. : Généalogie de la France, Vol. IV, § III.
(2) Archives Nationales, MM, 818¹.
(3) Il est fort peu probable que CHARLOTTE DE LORME (ou DE L'ORME) fût apparentée au fameux architecte lyonnais Philibert de Lorme (né vers 1515) ou à la non moins célèbre Marion de Lorme, née en 1612 à Châlons ou à Blois. De même, on ne peut dire si elle était de la famille de « noble homme Jehan de Lorme, seigneur de Saint-Germain, maistre des œuvres général du royaulme de France », qui, en 1558, inspecta les fortifications de Baùvais. Par contre, il ne serait pas invraisemblable qu'elle descendît du Rouennais Pierre de Lorme, qui travailla comme entrepreneur de maçonnerie pour le cardinal d'Amboise, d'abord en 1502 au palais archiépiscopal de Rouen, puis, à partir d'environ 1506, au château de Gaillon, dont il fut l'un des principaux architectes. A la même époque, un Toussaint de Lorme exécuta aussi quelques travaux de maçonnerie au château de Gaillon. Pourtant, il ne faudrait pas confondre le Gaillon au château, maintenant dans le département de l'Eure, avec le Gaillon des LASSERAY, en Seine-et-Oise ; mais le premier constituerait une étape logique entre Rouen et le second.

3

Il épousa à Longuesse, le 21 juin 1681, DENISE BECQUET, qui mourut à Longuesse le 16 novembre 1683, après lui avoir donné un fils, DENIS, baptisé à Gaillon le 17 avril 1682, qui mourut à Longuesse le 14 mars 1726, sans laisser de descendance.

Le 24 novembre 1685, **DENIS LASSERAY** épousa en secondes noces, à Gaillon, **MAGDE-LAINE GUILLOU**, baptisée à Longuesse le 2 novembre 1764, issue d'une vieille et nombreuse famille de ce village, où se passeront désormais la plupart des faits relatés dans la suite de ces notes.

MAGDELAINE était fille de **MATHURIN GUILLOU** (4ᵉ génération) laboureur, marié à Longuesse, le 28 octobre 1659, à **MARGUERITE MAISTRE** (ou **LE MAISTRE**) et mort à Longuesse le 31 janvier 1687, âgé de 50 à 55 ans. Il semble que ce soit elle qui ait apporté dans la famille, où elles sont restées longtemps dans la suite, la ferme et quelques-unes des terres de Longuesse; en tout cas, cette ferme lui appartenait certainement pendant son veuvage, et son fils **ANTOINE** l'exploitait déjà en 1725.

A partir du 20 décembre 1705, son mari figure, sous le nom de **DENIS DE LASSERAY**, comme « Officier de la maison du Roy ». Ce titre n'implique aucunement qu'il fût dans l'armée : la maison du roi comprenait l'ensemble de tout le personnel affecté au service du souverain et de son entourage, depuis le grand aumônier jusqu'aux derniers serviteurs. Des états conservés aux Archives Nationales il ressort qu'en réalité notre aïeul n'était que simple porteur aux cuisines royales, aux appointements de 300 livres par an, charge qu'il conserva de 1705 jusqu'à sa mort, en 1728, après quoi elle fut transmise à son fils **ANTOINE**. Mais, si humble qu'elle fût, cette fonction n'en était pas moins honorifique, et, dans tous les actes où leurs noms figurent, leurs titulaires ne manquaient jamais de se prévaloir du titre d'Officiers du Roi.

On lit d'ailleurs dans la correspondance de la princesse Palatine, duchesse d'Orléans :

« Anciennement, tous les officiers du roi, tels que ceux de l'échansonnerie, du gobelet, du fruit, etc., étaient gentilshommes; mais, depuis que la noblesse, devenue pauvre, n'avait pu acheter les charges qui étaient recherchées, il avait fallu prendre de bons bourgeois, capables de bien payer. »

D'après une inscription existant encore dans l'église de Longuesse, **DENIS DE LASSERAY** était en outre juré chargeur de bois de la ville de Paris, fonction de police qui consistait à visiter le bois mis en vente et à le mesurer suivant les ordonnances.

A leur charge d'officiers du roi, nos ancêtres en adjoignirent une autre, vraisemblablement très lucrative, celle de receveur des dîmes de l'Abbaye de Saint-Germain-des-Prés. A cette époque, le territoire de Longuesse relevait en partie de la seigneurie de Longuesse, propriété de la famille de Rohan-Soubise, représentée alors par la duchesse Anne de Ventadour, gouvernante de Louis XV enfant — désinence prédestinée —, et en partie de l'abbaye de Saint-Germain-des-Prés, de Paris. Chacun de ces grands propriétaires, de même que ceux des territoires environnants, était représenté dans le pays par des collecteurs des dîmes, chargés, à forfait, de recueillir les redevances dues par les laboureurs. Entre maîtres et intermédiaires régnaient généralement les relations les plus courtoises, et il n'était pas rare, notamment, de voir les premiers tenir les enfants des seconds sur les fonts du baptême. Les receveurs des dîmes comptaient d'ailleurs parmi les personnages les plus puissants du pays; leurs familles s'unissaient entre elles et, à la longue, certains d'entre eux finirent par posséder une partie des terres de leurs anciens seigneurs.

En 1675, le receveur des princes de Rohan à Longuesse était Philippe Becquet, premier beau-père de **DENIS DE LASSERAY** (le fils); il eut pour successeurs dans cette charge son fils Jean, puis son petit-fils JEAN, qui épousa, en 1725, MARIE LASSERAY, fille de **DENIS** le fils. Quant aux terres de Saint-Germain-des-Prés, elles eurent pour receveurs successifs François Becquet, fils de Philippe, puis **DENIS DE LASSERAY**, qui vint s'établir à Longuesse vers 1690, ensuite le fils de celui-ci, **ANTOINE**, et enfin le gendre de ce dernier, **JEAN-CLAUDE-LOUIS PETIT**, qui contribua le plus à accroître les biens de la famille.

DENIS DE LASSERAY et **MAGDELAINE GUILLOU** moururent à Longuesse, le premier le 12 mai 1728, âgé d'environ 80 ans, la seconde, âgée de 84 ans et chargée d'infirmités, le 6 décembre 1748. L'actif de leur succession s'élevait à près de 80.000 livres.

4

Ils avaient eu au moins dix enfants, les premiers nés à Gaillon, le plus grand nombre à Longuesse, dont six seulement arrivèrent à l'âge adulte. Ce furent :

1° MARIE LASSERAY, née à Gaillon le 4 septembre 1690, mariée le 3 juillet 1714 à son parent François Valentin, receveur des dîmes de Théméricourt, et qui eut au moins 3 fils et 3 filles :

    Pierre-François Valentin, receveur à Charmont ;

    Jean-Baptiste Valentin, demeurant à Théméricourt ;

    Denis Valentin, marchand à Paris ;

    Marie-Madeleine, femme de François Devicques, receveur de la terre et seigneurie de Vigny ;

    Denise, femme de Louis Dailly, receveur de la terre et seigneurie de Trape ;

    Marguerite, femme de Michel-Laurent-François Prieur, syndic perpétuel de Gamaches en Vexin normand ;

2° **ANTOINE LASSERAY,** notre aïeul, sur lequel nous reviendrons plus loin ;

3° CLAUDE LASSERAY, né à Longuesse le 26 juin 1697, qui fut prêtre, eut une existence mouvementée qui sera résumée tout à l'heure, et mourut à Soissons le 15 janvier 1773 ;

4° MARIE LASSERAY, dite la jeune, née à Longuesse le 7 octobre 1699, mariée le 14 mai 1725 à Jean Becquet, receveur de la seigneurie de Longuesse, et morte le 13 avril 1726, trois jours après avoir mis au monde un fils, nommé aussi Jean ;

5° JEAN LASSERAY, né à Longuesse le 6 mars 1702, mort en 1771, bourgeois de Paris, marchand mercier rue Saint-Denis, à l'enseigne du Chien Rouge, et père d'au moins six enfants, savoir :

    Jean-Baptiste-François Lasseray, marchand mercier à Paris ;

    Marie-Louise Lasseray, fille majeure en 1765, demeurant à Paris ;

    Geneviève-Bonne Lasseray, femme de Louis-Achille Andry, également mercier à Paris, et dont les fils, Athanase et Augustin, furent très liés avec la famille **PETIT** ;

    Jacques-Ambroise Lasseray, mari de Marie-Thérèse Duval, marchand mercier à Paris, rue des Lavandières, père d'une fille unique : Marie-Thérèse ;

    Cyprien-Athanase Lasseray, avocat au parlement de Paris, où il habitait aussi rue des Lavandières en 1786 ;

    Félicité Suzanne Lasseray, femme de Vincent Verger, mercier à Paris ;

6° JEAN-FRANÇOIS LASSERAY, né à Longuesse le 2 novembre 1707, mort célibataire à Paris vers 1786. N'étant pas en état de gérer ses affaires lui-même, il a vécu longtemps avec son frère et parrain l'abbé CLAUDE ; lors du partage des biens de leurs parents, c'est à eux qu'échut, en deux lots indivis, la ferme de Longuesse ; elle leur fut rachetée, le 11 novembre 1772, deux mois avant la mort de CLAUDE, par leur neveu par alliance **JEAN-CLAUDE-LOUIS PETIT,** en même temps que diverses terres faisant partie également de leur patrimoine, qui passèrent ainsi à la famille **PETIT.**

Avant de rapporter les indications recueillies sur notre aïeul **ANTOINE LASSERAY,** je m'étendrai quelque peu sur la biographie de son frère CLAUDE, renvoyant pour plus de détails aux dossiers de la Bastille, conservés à la bibliothèque de l'Arsenal, à Paris, (principalement pièces n°⁵ 11633 et 11680) et à la publication janséniste « Les Nouvelles Ecclésiastiques », dont notamment le numéro du 19 septembre 1773 consacre sept grandes pages à l'exposé de sa vie et de son testament mystique.

*
* *

CLAUDE LASSERAI (comme il écrivait son nom) fit ses études à la Communauté de Sainte-Barbe, à Paris, où étaient élevés surtout des enfants pauvres, et où le fondateur de cet établissement, le pieux et vertueux abbé Gillot, s'était efforcé, ainsi que son successeur Th. Durieux, de faire revivre les règles de conduite et les méthodes d'enseignement des anciens maîtres de Port-Royal. Malgré l'austérité de leurs mœurs et leur piété ardente, ces néo-Jansénistes étaient alors l'objet de persécutions constantes et ne pouvaient propager que discrètement leurs doctrines, réputées hérétiques.

Il ne nous appartient pas de discuter ici ces questions religieuses qui, à l'époque, passionnaient tous les esprits. Nous rappellerons seulement que la discorde avait été rallumée par un appel formulé contre la bulle *Unigenitus,* par laquelle le pape Clément XI avait, en 1713, condamné 101 propositions, jugées subversives, d'un ouvrage théologique de l'Oratorien Quesnel, un des chefs du Jansé-

Réduction d'une gravure janséniste saisie dans les papiers de l'abbé Claude LASSERAI.
(Bibliothèque de l'Arsenal. Dossiers de la Bastille.)

nisme. Sous cette doctrine s'étaient rangés nombre de membres de la noblesse et de la haute bourgeoisie, ainsi que des prélats éminents, et l'archevêque de Paris lui-même, le cardinal de Noailles, donna maints témoignages de sympathie au parti de l'Appel; peu s'en fallut d'ailleurs qu'à la Cour de Rome, ce qui a été déclaré erreur fût proclamé vérité, et réciproquement.

Malgré les persécutions et peut-être à cause d'elles, le nombre des « Appelants » était considérable, et il semble que la famille **LASSERAY** partageait leurs opinions. Quoi qu'il en soit, CLAUDE fut un de leur plus fervents adeptes, sans doute à cause surtout de l'éducation qu'il avait reçue à Sainte-Barbe. Ses études terminées, il y devint professeur à son tour, et fut ordonné prêtre en 1727, après une retraite à la solitude du Mont-Valérien, alors lieu de pèlerinage célèbre, où il se trouva avec M. de Tournus et avec François de Pâris, le fameux diacre dont la tombe au cimetière de Saint-Médard allait devenir bientôt le théâtre des scènes troublantes des Convulsionnaires.

En 1730, CLAUDE LASSERAI était l'un des directeurs de la Communauté quand, le 7 octobre, le lieutenant de police Hérault, escorté de divers magistrats et d'archers, entra dans le collège et en ferma les portes après en avoir expulsé les professeurs, au grand désespoir des élèves, fort attachés à leurs maîtres (1). Ceux-ci furent exilés à une distance d'au moins vingt lieues de Paris; néanmoins l'abbé LASSERAI obtint de se retirer dans sa famille à Longuesse, bien que ce village fût à l'intérieur des limites fixées.

Il y resta longtemps, s'occupant de la gestion de la ferme auprès de sa vieille mère, de son plus jeune frère FRANÇOIS, léger et incapable, et de la nombreuse famille de son frère aîné **ANTOINE**, qu'il avait en haute estime et affection. Dans les périodes où la cure de Longuesse se trouvait vacante, il semble que, bien que sans doute interdit, il y remplissait le service du culte; en tout cas, il est cité dans les registres paroissiaux comme ayant procédé à un certain nombre de cérémonies

La Bastille.

religieuses pour des membres de sa famille. Cependant, il n'avait pas abandonné le parti de « l'Appel », et son dossier l'accuse d'avoir fait de la propagande pour la doctrine incriminée, au moins dans les dernières années de son séjour à Longuesse; pendant cette période il serait allé de temps en temps à Paris, où il avait une chambre chez son frère JEAN, le mercier, pour rencontrer d'autres zélateurs du parti.

A la même époque, il était, lui et sa famille, en mauvais termes avec le desservant de Longuesse ainsi qu'avec divers prêtres des environs. Aussi, dénoncé par l'un d'eux, fut-il arrêté le 8 décembre 1747. Cette opération causa dans le village un émoi considérable et personne ne consentit à seconder le Commissaire ni à lui fournir les chevaux nécessaires pour aller chercher les archers appostés dans une localité voisine en vue de lui prêter main-forte. On perquisitionna dans la ferme, où furent découverts des écrits, des gravures et des reliques jansénistes, ainsi que des lettres de direction; ensuite, bien que relevant à peine d'une grave maladie, le pauvre abbé fut emmené à Paris par

(1) C'est l'affaire dite des « Gillotins », la plus importante de ce genre depuis la destruction de Port-Royal et qui a été décrite notamment dans le *Journal de Barbier* (8 octobre 1730), dans les *Nouvelles Ecclésiastiques* (26 octobre 1730) et dans l'*Histoire de Sainte-Barbe*, par Quicherat (1860).

À Monseigneur De Maurepas
Ministre et Secretaire Detat

Monseigneur

Une Mere veuve d'officier du Roy agée de 86 ans accablées d'infirmités qui
la reduissent continuellement au lit Ne pouvant se Meler de Son Menage
n'ayant d'autres Ridonnes et d'autre consolation dans la vie qui doit finir bientost
que de la part de Son fils q'on retiens Detenu à la Bastille depuis plus de 8 mois
voudroit se jetter aux pieds de Votre Grandeur pour obtenir de Sa Bonté
Le largissement d'un fils dont l'absence Remplit La suppliante de la plus cruelle
amertume, Elle ose assurer que Claude Lasseray Son fils agée de plus de 50 ans
est un prestre edifiant doux par caractere, Accoutumé comme tres opposé de cœur et
de sentiment, au fanatisme des Securistes et convulsionistes, et à toute doctrine
pernicieuse, bornant ses occupations au Soin qu'il prend d'une Mere qui a appris
que sa santé est si fort affoiblie que la vie Sereine qui luy est mesme Survenue
une descente depuis sa Detention, quil y a un peril evident d'une Mort prochaine
Ce considéré Monseigneur Plaise à Vostre Grandeur faire Revoquer
les ordres de Sa Majesté qui le Retiennent à la Bastille et Rendre ce fils aux
larmes d'une Mere qui ne cessera pas d'offrir ses vœux au Seigneur pour la
conservation De Votre Grandeur /

Si la cour Ne juge pas à
propos de le Renvoyer chés
Sa Mere, Sa famille Supplie
tres humblement Sa Majesté
de l'exiler à 20 Lieues de paris
Suivant sa lettre de cachet et
à cause de la foiblesse de sa
santé

une nuit d'hiver, dut assister à une nouvelle perquisition rue Saint-Denis chez son frère, puis fut incarcéré sans autre forme de procès à la Bastille, où on ne lui signifia qu'au bout de plusieurs mois la cause réelle de son arrestation.

Pendant sa détention, sa santé fut des plus précaires ; plusieurs fois il demanda qu'on lui permît d'aller prendre l'air dans la cour de sa prison ou qu'on mît avec lui un autre ecclésiastique, ce qui lui fut refusé. On écarta de même diverses demandes d'élargissement, émanant tant de lui que de ses proches, basées sur l'état de sa santé ou sur des affaires de famille et promettant qu'il se tiendrait désormais à l'écart des controverses du temps. Il eut la douleur de perdre sa vieille mère sans pouvoir aller lui fermer les yeux ni s'occuper autrement que par mandataires de la liquidation assez compliquée de sa succession. Souvent aussi il se plaignait d'être tenu éloigné des sacrements.

Son principal persécuteur semble avoir été le fameux Boyer, évêque de Mirepoix, grand traqueur de dissidents, qui le considérait comme un des plus grands Jansénistes du royaume. Peut-être est-ce à notre grand-oncle que s'appliquait cette réponse peu évangélique attribuée au prélat, comme on le sollicitait d'élargir pour cause de santé un prisonnier de la Bastille : « Qu'il y crève ! ce sera un fanatique de moins dans le monde. »

Pourtant CLAUDE LASSERAI n'y « creva » pas : au bout de vingt et un mois, le 30 août 1749, un avis favorable fut enfin formulé, et il sortit de la Bastille avec obligation d'aller en exil à Soissons.

Il emmena son frère FRANÇOIS, avec qui il vécut dans cette ville, obtenant parfois l'autorisation de venir quelque temps à Paris pour consulter les médecins et, au besoin, prendre les eaux de Passy. Peu à peu, les rigueurs exercées contre les « Appelants » s'apaisèrent, et le crédit qu'avaient auprès du roi Louis XV les Jésuites, leurs ennemis les plus acharnés, diminua au point que ceux-ci tombèrent en disgrâce à leur tour. En janvier 1758 la lettre de cachet fut révoquée et l'abbé recouvra une pleine et entière liberté. Le 21 juillet 1760, il fut nommé, par lettre épiscopale, chanoine de l'église collégiale Notre-Dame-des-Vignes de Soissons, et c'est dans cette fonction qu'il mourut, estimé de tous, le 15 mars 1773, après avoir rédigé, le 17 décembre 1768, un testament spirituel confirmant l'invariabilité de ses sentiments jansénistes. Respect à quiconque souffrit pour une conviction sincère !

*
* *

Son frère aîné, notre aïeul **ANTOINE LASSERAY,** succéda à leur père **DENIS** dans son office à la maison du Roi, où il resta jusqu'en 1756 ou 1757, ainsi que comme receveur des dîmes de l'Abbaye de Saint-Germain-des-Prés, charge qu'il transmit à **JEAN-CLAUDE-LOUIS PETIT,** quand celui-ci épousa sa fille **BLANDINE** en 1766. Comme son père, il porta la particule, du moins jusqu'à son mariage ; mais il l'abandonna peu après.

Le 6 juillet 1723, furent solennellement mariés, à Us, « Maître **ANTOINE DE LASSERAY** et Damoiselle **MARIE-JEANNE BEURLIER** », fille de **JACQUES BEURLIER,** receveur de la terre et seigneurie d'Us, et de **MARIE LE MAISTRE.** De 1724 à 1740, ils eurent 13 ou 14 enfants, tous nés à Longuesse et dont beaucoup moururent en bas âge. Retirés sur leurs vieux jours à Meulan, ils y moururent, lui, âgé d'environ 85 ans, le 12 avril 1780, elle, âgée d'environ 89 ans, le 24 mars 1788. En 1774, leur fortune s'élevait à peu près à 59.000 livres, y compris les dots antérieurement données à leurs enfants.

Parmi ces derniers, ceux qui parvinrent à l'âge adulte furent :

1° ANTOINE, né le 12 juillet 1725, dit du PALAIS, du nom d'une terre sur laquelle, d'après un acte que je possède, son grand-père avait reconnu droit de plein fief au marquis de Guiry. Etant entré au service du maréchal de Noailles, il écrivait, en 1747, à l'abbé CLAUDE, qu'il venait de faire avec ses maîtres un voyage à Beauvais, « où ils avaient eu le plaisir de se trouver dans un milieu très janséniste » ; dans la même lettre, il manifestait à son oncle le désir de l'entretenir verbalement de son avenir, qui lui paraissait peu brillant s'il restait à l'hôtel de Noailles, où l'on était surchargé de demandes de places et où il ne pourrait guère espérer que d'être

9

envoyé un jour dans quelque château avec un traitement de 600 livres. Impatient sans doute de sa condition trop médiocre à son gré, il commit, en mai 1749, dans l'appartement de M. de la Vergne, intendant du Maréchal, un vol, pour lequel il fut interné à Bicêtre ; de là il fut expédié à l'île de Ré, le 6 août 1752, sur la demande et aux frais de sa famille, qu'il déshonorait, pour être embarqué sur l'Amérique. Lamentable dénouement des rêves d'avenir du jeune arriviste ! L'Histoire ne dit pas si, sur la terre d'exil, il rencontra quelque Manon Lescaut.

2° MARIE-ANNE, née le 20 décembre 1728, mariée le 8 novembre 1751 à François-Marie Devicque, laboureur à Douxmesnil, dont elle eut un fils et une fille, puis, avant 1755, à Pierre-Claude d'Hostel, également laboureur à Douxmesnil, dont elle eut un fils.

3° JACQUES-JEAN, dit DUMÉNIL, né le 17 avril 1731, marchand de fer puis mercier à Paris, rue Saint-Antoine, mort en l'an XIII de la République.

4° MARIE-JEANNE, née le 13 juin 1732, mariée le 28 avril 1755 à Jean-Joseph Lécuyer, maître de poste à Meulan.

5° **MARIE-BLANDINE,** née à Longuesse le 25 octobre 1737, filleule de son oncle l'abbé CLAUDE, mariée le 28 janvier 1766 à **JEAN-CLAUDE-LOUIS PETIT,** et morte à Magny le 23 février 1823, âgée de 86 ans. On reviendra plus loin sur son ménage et sur sa descendance.

6° DENIS-AUGUSTIN, né le 25 août 1740, d'abord bourgeois de Paris, épousa, le 23 juillet 1771, Marie-Anne-Bonne Chèvremont, fille d'un drapier de Meulan, dont il prit la succession. De ce mariage naquirent douze enfants, dont sept seulement, cinq fils et deux filles devenues Mmes Join et Flichy, semblent être parvenus à l'âge adulte. La plupart vivaient à Paris, où plusieurs avaient de modestes emplois aux « Droits Réunis » ; vers 1813 ils se trouvaient dans une situation gênée et faisaient appel, dans d'amusantes lettres que je possède, à la générosité, plutôt récalcitrante, de leur riche et fière tante **PETIT.**

Malgré la grande fécondité de ces diverses familles, il ne semble plus rester aujourd'hui que de très rares représentants du nom de **LASSERAY.** Le cimetière de Pontoise contient deux chapelles à ce nom, encore entretenues.

Afin de permettre au lecteur de mieux saisir les parentés entre les personnages qui viennent d'être énumérés, on a réuni leurs noms dans le tableau A, inséré à la fin de ce récit, en supprimant tous les enfants morts en bas âge.

II. FAMILLE ROUSSEL

D'après M. L. Plancouard, chercheur infatigable et érudit distingué, Vexinois lui-même et descendant d'une des branches de l'innombrable famille des **ROUSSEL,** nos premiers ancêtres communs auraient été, à partir d'un premier auteur, vivant en 1308 :

PHILIPPE ROUSSEL, vivant en 1364, frère d'ADAM ROUSSEL, vivant en 1379 ; puis
PIERRE ROUSSEL, premier du nom, vivant en 1407, et père de :
ADAM (IIe du nom) et **PIERRE** (IIe du nom). Ce dernier eut à son tour :
GILLE ROUSSEL (1er du nom), dont on connaît deux fils :
JEAN (1er du nom) (1433), du chapitre de la cathédrale de Rouen, et **GILLE** (IIe) qui, de sa
    femme **JEANNE...,** eut pour enfants :
JEAN (IIe), prieur de Serans, mort le 6 avril 1514, et **NORBERT** (1er du nom), père de :
JEAN (IIIe), prieur de Bézi en 1555 et **NORBERT** (IIe), qui épousa **ELISABETH**
    LOUVET, dont il eut, entre autres enfants :
MICHELLE (1643 † 1701), MARIE, DENISE (1638 † 1698), femme de Pierre Le Mesle,
    ISAMBERT (1636 † 1711), et JEAN, qui épousa Marie-Madeleine Vaillant.

Mes recherches personnelles permettent d'assigner comme premier ancêtre certain à ma bisaïeule **MARIE-LOUISE ROUSSEL :**

DENIS ROUSSEL (vivant en 1680), mari d'**ANNE GRESLÉ** (morte à Cléry le 17 mars 1674), frère de NICOLAS ROUSSEL (marié à Charlotte Jorre) et d'ISAMBERT ROUSSEL (marié à Catherine Vaudray), ce dernier mort en 1711 et qualifié fils d'**ISAMBERT ROUSSEL.**

Cet ISAMBERT le fils est évidemment le même que celui qui figure dans la liste précédente, et l'on conçoit que le prénom de son père ait pu être lu tantôt **ISAMBERT** et tantôt **NORBERT** dans les anciens actes, souvent difficiles à déchiffrer. **DENIS** était donc, sans aucun doute, un autre fils de **NORBERT II** (ou **ISAMBERT Ier**), et dès lors, un descendant des précédents.

C'est à Cléry en Vexin que vivaient ces divers **ROUSSEL** et que se sont succédé maintes générations de leurs descendants, ainsi que de nombreuses familles collatérales. On ne le répètera pas pour chacun, et il devra être entendu que, sauf mention contraire, Cléry sera toujours le lieu des naissances, mariages et décès qui seront relatés désormais dans ce chapitre.

De même, je me dispenserai de mentionner les professions des **ROUSSEL** successifs, car tous ont été laboureurs de père en fils sans ajouter d'autres titres à celui-là.

Conditions bien humbles et bien modestes, pensera-t-on peut-être, et comme on pourrait en avoir l'impression d'après le sinistre portrait des paysans de La Bruyère. Si telle est encore l'opinion de quelques esprits rétrogrades, c'est qu'ils n'apprécient pas à sa juste valeur le rôle vivifiant de la culture, cette mamelle de la France, comme l'appelait Sully. C'est elle avant tout qui assure la vie matérielle et fait la richesse d'une nation, en commençant par ceux que leurs travaux rattachent le plus directement à la terre ; témoins nos agriculteurs modernes, devenus les principaux maîtres de l'heure, à la suite d'une ascension progressive à laquelle nous allons voir participer nos ancêtres. L'ancien régime ne reconnaissait que la noblesse de robe et la noblesse d'épée ; honneur aussi à la noblesse de la charrue !

Outre une fille qui, en 1678, épousa Mathurin Jorre, de Pontoise, et sans doute aussi d'autres enfants inconnus, **DENIS ROUSSEL** et **ANNE GRESLÉ** eurent pour fils :

AUGUSTIN ROUSSEL (mort à l'âge de 75 ans, le 23 mars 1726), qui, le 25 février 1680, épousa **CHARLOTTE ROGER** (morte à l'âge de 74 ans, le 22 octobre 1730), de Wy-Joli-Village,

11

génération
ascendante
génération
génération
génération
génération
génération
génération
génération
génération
génération

fille de **PHILIPPE ROGER** (vivant en 1680) et de **CÉCILE DE LOSCHE** (morte à l'âge de 82 ans, le 17 septembre 1703).

De ce mariage naquirent :

1° AUGUSTIN, né le 23 novembre 1680, vivant sans doute encore en 1727 ;

2° MICHEL, né vers 1683, mort le 27 janvier 1721 ;

3° CHARLOTTE, née le 18 janvier 1686, mariée le 9 février 1711 avec Jacques Couteux, qui fut laboureur au Plessis, paroisse de Banthelu ;

4° ELISABETH, née le 2 septembre 1688, morte le 7 novembre 1702 ;

5° LOUIS, marié le 17 juillet 1724 avec Françoise Roussel, veuve d'un Denis Roussel ;

6° **CLAUDE**, né le 11 août 1694, sur lequel nous reviendrons tout à l'heure ;

7° CÉCILE, née le 4 mai 1699 et vivant encore en 1720 ;

8° ANDRÉ, jumeau de la précédente, sans doute le même qui épousa Catherine Rousselin et en eut des enfants, notamment en 1727 et en 1732 ;

9° NICOLAS, né le 21 avril 1703, qui, le 14 février 1729, épousa Denise Roussel en présence des seigneurs de Cléry, et en eut au moins cinq filles.

*
* *

Notre aïeul **CLAUDE ROUSSEL** fut tenu sur les fonts baptismaux par Messire Alexandre de Guiry, seigneur de Lévemont, et par Madame Marie-Elisabeth Hurault, épouse de Messire Claude de Poissy, chevalier seigneur de Cléry. En 1723, il épousa **JEANNE PETIT.** Le contrat, passé à Magny le 27 juin, stipule, entre autre clauses, que « les parents du futur ont promis bailler, payer et livrer, la veille des épousailles, la somme de 1500 livres tant en trousseau, bestiaux, ustensiles de labour, qu'en la dépouille qui est à faire en l'août prochain sur les terres que ledit **AUGUSTIN ROUSSEL** et sa femme tiennent à ferme, appartenant au curé et provenant de la cure de Cléry et celles des Dames Religieuses Ursulines de Magny, le surplus des 1500 livres devant être versé en argent. » On voit qu'à cette époque la livre tournois avait une tout autre valeur d'achat que notre pauvre franc d'aujourd'hui. Et pourtant on était au lendemain de l'écroulement du système de Law et au surlendemain de la grande misère paysanne des dernières années de Louis XIV. Par le même acte, les parents **ROUSSEL** rétrocèdent à leur fils les baux à eux faits par le président Gilbert et par le curé de Cléry. D'autre part, « la future a promis apporter dans la communauté tous ses meubles et effets mobiliers, de valeur environ de la somme de 1500 livres... Sera donné par ledit futur à ladite future bagues et joyaux selon sa condition. »

Il ne semble pas que **JEANNE PETIT** fût une proche parente des **PETIT**, de Théméricourt, dont il sera longuement question dans la suite. Elle était née à Guiry, de **JEAN PETIT**, maréchal, mort avant le mariage de sa fille, et de **LOUISE BALLEUX**, habitant Guiry (3ᵉ génération).

Parmi les enfants, tous nés à Guiry, de ces ancêtres **PETIT-BALLEUX**, j'ai relevé :

JACQUES, né le 20 décembre 1698, qui épousa Catherine Le Coq et fut aussi maréchal à Guiry ;

JEANNE, née le 17 mai 1701, dont il vient d'être question ;

JEAN, né le 23 mai 1703, mort le 8 avril 1731 ;

MARGUERITE, née le 27 janvier 1706, qui ne vécut que deux mois ;

et UNE AUTRE FILLE, qui épousa Jacques Trufaut, maçon et tailleur de pierres à Guiry.

CLAUDE ROUSSEL, fermier de la seigneurie dite « du Bâtiment », devint marguiller en charge de l'église de Cléry et syndic de cette paroisse. Il y mourut, âgé de 79 ans et demi, le 22 mars 1774, et sa femme le suivit le 24 avril 1779, âgée de 78 ans.

Ils avaient eu au moins dix enfants :

1° CLAUDE, né le 19 mai 1724, qui fut cultivateur à Gouzangrez et épousa MARIE-GENEVIÈVE PETIT, fille de nos ancêtres directs **ROGER PETIT**, le fils, et **JEANNE LETTU,** dont il sera parlé plus loin. Ils ne laissèrent pas de descendants ;

12

2° JEANNE, née le 11 février 1726, qui épousa Jean-Baptiste Bertaux, laboureur à Courcelles, près Gisors. Deux de leurs fils, nés à Saint-Eloi-sur-Bézu en 1748 et en 1754, embrassèrent la carrière ecclésiastique. Le premier, Louis-Charles, fut curé de Wy-Joli-Village, devint le premier maire de cette commune, prêta serment à la constitution civile du clergé, puis, lors du Concordat, reprit ses anciennes fonctions sacerdotales. Le second, Jacques, était curé de Cléry en 1793, fut l'objet d'une dénonciation d'incivisme, reconnue ensuite calomnieuse, et signa, lui aussi, la formule du serment;

3° MADELEINE, née le 23 mars 1728, morte avant 1772, mariée le 10 février 1749 avec NICOLAS PETIT, de Théméricourt, fils de nos mêmes ancêtres **ROGER PETIT** et **JEANNE LETTU**;

4° DENISE-MARIE-CATHERINE, née le 17 avril 1730, mariée le 16 janvier 1753 avec Charles Bertaux, cultivateur à Bazincourt. Sans doute était-ce une de ces deux tantes BERTAUX, une de leurs belles-filles ou une fille non mariée, cette parente du même nom dont j'ai souvent entendu parler dans ma jeunesse comme ayant vécu plus de cent ans;

5° MARIE-LOUISE, née le 17 novembre 1732;

6° **FRANÇOIS-THOMAS,** né le 5 février 1735, qui eut pour parrain Messire Thomas Poulain, curé de Cléry, et fut notre aïeul;

7° ANTOINE, né le 9 novembre 1736; il fut, comme son père, filleul de châtelains voisins et lui succéda comme fermier de la ferme et seigneurie du Bâtiment, à Cléry; il épousa Louise-Françoise-Suzanne Maillard, dont il eut plusieurs enfants;

8° MARIE-JEANNE, née le 5 février 1739;

9° ANDRÉ, né le 1er avril 1741, cultivateur à Gouzangrez et mari de Marie-Marguerite-Rose Leroy, de Longuesse, nièce de notre aïeul **JEAN PETIT,** de Théméricourt;

10° CHARLOTTE, née le 7 décembre 1744.

*
* *

FRANÇOIS-THOMAS ROUSSEL épousa **MARIE-MARGUERITE PETIT,** née à Théméricourt le 11 octobre 1733, fille de **LÉGER PETIT** et de **MARIE-CATHERINE AUGER,** et dont la généalogie sera donnée dans le chapitre suivant. Il s'établit cultivateur à Longuesse, et c'est dans ce village que désormais se passera ce qui concerne ses descendants. C'est là qu'ils moururent tous deux, la femme, âgée de 69 ans, le 9 septembre 1802, le mari, âgé de 77 ans, le 17 février 1812. Ils avaient eu 8 enfants :

1° MARIE-JEANNE-ROSALIE ROUSSEL (2 octobre 1759 † 17 décembre 1786), sans descendance;

2° FRANÇOIS ROUSSEL (29 décembre 1760 † 10 juin 1819), marié à Félicité-Louise Auger, et qui eut 6 enfants :

> Marie-Louise-Félicité, mariée à Louis-Charles Delaizement, de Théméricourt, et mère de Mmes Aubry, Jean et Montmirel;
>
> Jean-François-Victor, meunier à Osny, qui eut un fils et une fille (Mme Lointier);
>
> Nicolas-Zacharie, fermier aux environs de Pontoise, père de deux enfants;
>
> Marie-Louise-Françoise, femme de Césaire Caffin, cultivateur et meunier à Ennery, et mère de deux fils et de deux filles;
>
> Claude-Paschal, dont la fille épousa l'un de ses cousins Caffin, cultivateur à Longuesse;
>
> Denis-Joseph, qui ne vécut qu'un an.

3° CLAUDE ROUSSEL (6 mars 1763), surnommé Cadet-Roussel, cultivateur à Longuesse et marié à Denise-Angélique Alagile. Fut-il bon enfant? Je l'ignore. Du moins il fut bon producteur d'enfants, attendu qu'il en eut onze, plus de trois fois trois. Sept de ceux-ci fondèrent à leur tour des familles; ce furent :

> François, marié deux fois et père d'Adèle (Mme Antin), de François-Firmin, ancien maire de Longuesse, qui m'a fourni la plupart de ces indications, et d'Eulalie (Mme Lefèvre), de Wy-Joli-Village;

13

DENISE-FÉLICITÉ-PERPÉTUE, mariée à M. LEMAIRE, de Santeuil, et mère de deux fils et
   d'une fille, HORTENSE, qui épousa un de ses cousins ROUSSEL;

NICOLAS-FIRMIN, père du cousin en question et d'une fille, ZÉLINE, qui épousa M. MALGRAIN,
   meunier;

MARIE-MARGUERITE, femme de M. DAUVERGNE, marchand de fruits à Boisemont, et mère
   d'EMILIENNE, qui devint Mme FLEURIER;

JOSEPH-VICTOR, père de VICTOR ROUSSEL, fermier à Longuesse, qui eut 17 enfants, de
   JOSÉPHINE (Mme?), qui eut un fils, et de JULIE (Mme JEAN), qui eut trois enfants;

FRANÇOIS-AUGUSTIN, adjoint de Longuesse de 1868 à 1870, marié deux fois et père de
   sept enfants : AUGUSTINE (Mme LAFOSSE), FRANÇOIS, LÉON, LOUISE (Mme LAMBERT),
   MARIA (Mme AMIOT), CHARLES et LÉONIE (Mme LARCHEVÊQUE), dont cinq laissèrent des
   descendants;

ELISABETH-EMILIENNE, mariée à M. FOIN, de Villette, et mère d'EMILIENNE (Mme FOULON),
   de LOUISE (Mme BIART) et d'HORTENSE (Mme FINET).

Vers 1910, le nombre des descendants directs des époux ROUSSEL-ALAGILE dépassait 160, non compris leurs conjoints.

4° MARIE-MARGUERITE ROUSSEL (8 mars 1765 † 18 mars 1767);

5° et 6° JACQUES-LÉGER et MARIE-MARGUERITE-ROSE, jumeaux, nés le 18 janvier 1768 et qui ne vécurent que quelques jours;

7° **MARIE-LOUISE ROUSSEL,** née à Longuesse le 11 avril 1770, qui épousa **LOUIS-FRAN-ÇOIS-JOSEPH PETIT** et fut notre aïeule. Il sera parlé d'eux longuement dans le chapitre suivant;

8° NICOLAS-FRANÇOIS ROUSSEL (27 mai 1772 † 6 octobre 1795).

Le tableau B résume, après suppression des enfants morts en bas âge, les parentés respectives des divers **ROUSSEL** qui viennent d'être cités.

III. FAMILLE PETIT

Si les **ROUSSEL** étaient légion et avaient leur nom représenté par une foule de familles dans tout le Vexin, que dire des **PETIT,** plus nombreux encore? Il n'était et il n'est encore si petit village n'ayant les siens, et ce serait un travail sans issue que de leur chercher une origine commune.

Toutes ces familles contractaient d'ailleurs entre elles de multiples alliances, et l'on en a déjà eu maints exemples en ce qui concerne les **PETIT** et les **ROUSSEL.** De même on rencontrera souvent des **AUGER,** mais dont je n'ai pu établir les parentés respectives.

Le premier de nos ancêtres directs du nom de **PETIT** dont j'aie trouvé trace vivait sous le règne d'Henri IV à deux pas de Longuesse, à Théméricourt, où il a fait souche de plusieurs générations de laboureurs. C'est là que, sauf avis contraire, se sont accomplis tous les actes qui vont être rapportés, jusque vers la fin du XVIIIe siècle.

Il s'appelait **ROGER** et nous le qualifierons de « l'ancien », pour le distinguer d'autres ancêtres ultérieurs portant le même prénom.

Parmi ses enfants j'ai relévé :

> ANNE, mariée le 18 novembre 1613 avec Jacques Balleux;
> NICOLAS, qui fut parrain en 1610;
> FRANÇOISE, née en mars 1605;
> PIERRE, qui épousa Françoise Fillette;
> enfin notre aïeul **ROBERT PETIT,** qui, le 23 novembre 1625, épousa **MARIE LAMBERT,** fille de **GILLES LAMBERT,** le jeune.

De cette union naquirent, entre autres enfants :

> GUILLAUME, baptisé le 6 mars 1633;
> DENISE, baptisée le 23 avril 1635;
> **ROGER,** baptisé le 15 décembre 1638;
> et ROBERT, baptisé le 1er juin 1642.

Ce **ROGER PETIT,** que nous appellerons « le père », était qualifié de marchand en 1689; il épousa **MARIE AUGER,** qui mourut, âgée de 75 ans, le 2 juin 1717; lui-même mourut à 86 ans, le 12 juillet 1724. Sauf omission, ils avaient eu comme enfants :

> MARIE, morte fille le 29 septembre 1728, âgée de 65 ans, et dès lors née vers 1663;
> MARIE, née le 6 septembre 1669; il est possible que ce soit la même que la précédente, dont on ait mal connu l'âge lors de la déclaration de son décès;
> FRANÇOISE, née le 1er avril 1763, mariée le 23 novembre 1693 à Nicolas Vicques, cabaretier, morte le 2 décembre 1745;
> MARGUERITE, née le 15 février 1676, morte probablement le 18 février 1690;
> **ROGER** (le fils), né le 29 juin 1678;
> CATHERINE, née le 20 mars 1682, morte le 30.

*
* *

ROGER PETIT, le fils, laboureur à Théméricourt, y mourut, âgé de 66 ans, le 21 juillet 1744, après s'être marié deux fois. Il est doublement notre ancêtre.

Le 9 décembre 1702, il avait épousé **DENISE LASSERAY,** de Gaillon, dont il a été question plus haut, fille de feu **LOUIS LASSERAY,** sieur des Bourbies, et de **CHARLOTTE DE LORME,** et qui mourut, âgée seulement de 25 ans, le 14 avril 1707, après lui avoir donné deux enfants.

Il épousa ensuite, le 30 juillet 1709, sa cousine au 4ᵉ degré **JEANNE LETTU,** veuve elle-même de Jean Langlois, qui mourut, âgée de 52 ans, le 27 février 1735, et dont il eut au moins neuf enfants.

JEANNE LETTU était petite-fille de **JACQUES LETTU** et de **FRANÇOISE VIC-QUES** (5ᵉ génération), qui eurent, entre autres enfants : PHILIPPE, né vers 1634, mort le 27 août 1693, marié à Catherine de la Roche et père d'une nombreuse famille, JACQUES, né en 1637, et LÉONARD, né le 6 juin 1640 et qui fut maître d'école.

Nièce de PHILIPPE, **JEANNE** était donc fille soit de JACQUES, soit de LÉONARD, soit de quelque autre frère inconnu. Si par cousine au 4ᵉ degré on doit entendre cousine germaine, sa mère devait être une sœur de **ROGER PETIT** le père ou de **MARIE AUGER.**

<table><tr><td>2ᵉ génération A</td><td>

Des deux enfants de **ROGER PETIT** le fils et de **DENISE LASSERAY,** le second, ROGER, né le 27 septembre 1705, mourut dès le 8 août 1706.

</td></tr></table>

Des deux enfants de **ROGER PETIT** le fils et de **DENISE LASSERAY,** le second, ROGER, né le 27 septembre 1705, mourut dès le 8 août 1706.

L'aîné, **LÉGER PETIT,** naquit le 15 mai 1704, fut cultivateur à La Gâtine, ferme isolée dépendant du hameau de Rueil, près Longuesse, et mourut avant 1768. Il épousa d'abord **MARIE-CATHERINE AUGER** (morte avant 1748), dont il eut de nombreux enfants. Voici ceux qui arrivèrent à l'âge adulte ; j'ignore l'ordre de leurs naissances et les enfants qu'ils ont laissés :

1° JACQUES-LÉGER, cultivateur à Avernes ;
2° NICOLAS-SULPICE, cultivateur à Epiais ;
3° JEAN-ROGER, cultivateur à Epones, près Mantes ;
4° MICHEL, meunier à Meulan ;
5° ROBERT-MARIE, cultivateur à Théméricourt ;
6° MARIE-JEANNE, femme de David Delaissement, cultivateur à Avernes ;
7° MARIE-MADELEINE, femme de Robert Bais, propriétaire aux Andelys ; et

8° **MARIE-MARGUERITE,** née à Théméricourt le 11 octobre 1733, morte à Longuesse, âgée de 69 ans, le 22 fructidor an X (9 septembre 1802), femme de **FRANÇOIS-THOMAS ROUSSEL,** cultivateur à Longuesse, dont il a été question au chapitre précédent, et mère de notre aïeule **MARIE-LOUISE ROUSSEL,** dont il sera parlé plus longuement dans la suite.

Devenu veuf, **LÉGER PETIT** épousa en secondes noces Anne Rouget, dont il eut une fille, MARIE-JEANNE-CATHERINE, femme Lainé, qui laissa à son tour trois fils : Léger, cultivateur à Seraincourt, Raphael, charron à Gaillon, près Meulan, et Denis, garde-moulin à Poissy.

ROGER PETIT, le fils, et sa seconde femme **JEANNE LETTU** eurent pour enfants :

1° MARIE-JEANNE, née à Théméricourt le 21 octobre 1709, morte à Longuesse le 28 avril 1782, femme de Robert Leroy, fermier des Dames Ursulines de Poissy, à Longuesse, et mère d'au moins 8 enfants :

Marie-Jeanne (17 septembre 1738 † 7 mai 1749) ;
Marie-Anne, née le 9 août 1740, mariée à Jean Rayer, laboureur à Wy-Joli-Village ;
Nicolas-Robert (26 avril 1742 † 18 juin 1742) ;
Robert (11 juin 1743 † 31 juillet 1743) ;
Anne-Geneviève, née le 9 septembre 1744, mariée à Nicolas Damville, receveur des dîmes de Longuesse ;
Marie-Marguerite-Rose, née le 26 mars 1746, mariée à Barthélemi Ozanne, puis à André Roussel, tous deux cultivateurs à Gouzangrez, le dernier étant fils de nos aïeux **CLAUDE ROUSSEL** et **JEANNE PETIT ;**
Jean-Robert, né le 24 février 1748, cabaretier à Longuesse, marié à Suzanne Couturier ;
Marie-Geneviève, femme de Denis-François Bouillette, cultivateur à Gouzangrez.

2° **JEAN PETIT,** né à Théméricourt le 29 novembre 1711, dont il sera parlé plus longuement tout à l'heure ;

3° NICOLAS, né le 3 juillet 1714, laboureur à Théméricourt, marié le 10 février 1749 avec MARIE-MADELEINE ROUSSEL (fille de **CLAUDE ROUSSEL** et de **JEANNE PETIT**) et père de :

> CHARLOTTE-VÉRONIQUE, femme de JEAN-CHARLES DELAIZEMENT, cultivateur à Gouzangrez ;
> MARIE-MADELEINE, femme de MARTIN TROGNON, cultivateur à Wy-Joli-Village ;
> CATHERINE, femme de JEAN-CHARLES FORGET, jardinier à Frémainville ;
> MARIE-JEANNE, femme de PIERRE LAPORTE, cultivateur à Velaines, près Magny ;
> NICOLAS-FRANÇOIS PETIT, parrain en 1772, mort sans postérité avant l'an X ;

4° une fille, née et morte le 18 juin 1717 ;

5° et 6° MARIANNE et CATHERINE, nées le 27 novembre 1718, mortes en mars et avril 1719 ;

7° ANNE-MADELEINE, née le 21 septembre 1720, morte sans postérité ;

8° ROGER, né le 12 avril 1722, mort sans postérité ;

9° MARIE-GENEVIÈVE, née le 10 février 1725, mariée à CLAUDE ROUSSEL, cultivateur à Gouzangrez, fils aussi de **CLAUDE ROUSSEL** et de **JEANNE PETIT,** morte sans enfants avant 1798.

*
* *

Notre aïeul **JEAN PETIT,** né, comme il vient d'être dit, en 1711 et frère consanguin de **LÉGER PETIT,** aussi notre aïeul mais dans la branche **ROUSSEL,** fut d'abord laboureur à Théméricourt ; il devint, avant 1754, receveur-fermier de la terre et seigneurie de Théméricourt, puis, avant 1765, maître de la poste aux chevaux de Magny. Entre temps, il avait épousé **MADELEINE-MARGUERITE AUGER,** née vers 1697, par conséquent beaucoup plus âgée que lui, fille de **CLAUDE AUGER** (3e génération), laboureur à Hérouville (mort à Théméricourt, le 30 janvier 1747, âgé de 94 (ou 84) ans et 8 mois) et de **MAGDELAINE BENOIST,** cette dernière d'une vieille famille d'Hérouville, où il est possible qu'elle fût née le 22 avril 1648 de **JEAN BENOIST** et **MAGDELAINE CAFFIN** (4e génération).

MADELEINE-MARGUERITE AUGER avait pour frères et sœur :

> JOSSE AUGER, officier de la gabelle à Pontoise, qui eut pour enfants : LOUIS, juré crieur à Paris, JEAN-BAPTISTE, chapelier à Pontoise, PIERRE, également chapelier, et JEANNE, qui épousa M. HUBERT, marchand bonnetier à Pontoise ;
> MARIE-JEANNE AUGER, femme d'ANDRÉ CAFFIN, laboureur à Genainville, dont deux enfants parvinrent à l'âge adulte : une fille, mariée à JEAN-JOSEPH CAFFIN, laboureur à Neslés, et un fils, ANDRÉ CAFFIN, laboureur à Hérouville ;
> CLAUDE AUGER, né en 1691, prêtre, qui fut longtemps prieur de Théméricourt ;
> JEAN AUGER, né en 1694, laboureur à Hérouville, qui eut au moins cinq enfants adultes, dont un fils, LOUIS, qui fut procureur à Pontoise ;
> enfin FRANÇOIS AUGER, né en 1700, laboureur à Genainville, marié à MARIE-MADELEINE ERNIE et mort sans enfants vers 1777.

MADELEINE-MARGUERITE AUGER étant morte à Magny, âgée de 83 ans, le 25 juin 1780, son mari abandonna à ses fils, moyennant une rente viagère de 1500 livres, la masse de la communauté, qui s'élevait à 60.000 livres ; à la suite d'arrangements entre les deux frères, le cadet eut le domaine de Théméricourt et l'aîné la poste aux chevaux de Magny, où **JEAN PETIT** vécut encore trois ans. C'est là qu'il mourut, âgé de 72 ans, le 24 août 1783.

J'ignore combien il avait eu d'enfants ; en tout cas, deux seulement survécurent :

*
* *

Le cadet, ROBERT PETIT, né à Théméricourt le 11 janvier 1740, fut cultivateur et receveur de la seigneurie de Théméricourt, puis maire de cette commune jusqu'à l'âge de 76 ans (1816). Il y mourut le 27 septembre 1818, dernier représentant de cette branche **PETIT** dans le pays, après avoir vendu beaucoup de biens à son aîné. Le 5 février 1788, il avait épousé VÉRONIQUE MORAND,

17

d'Avernes (1751 † 1822), de qui il avait eu une fille, Marie-Marguerite-Clotilde; cette dernière, née à Avernes le 3 juin 1771, épousa, le 14 prairial an II (2 juin 1794), François-Elisabeth Fontaine, originaire de Pontoise, frère du grand architecte, et qui lui-même fut plombier-fontainier du château de Versailles. Ils eurent sept enfants, dont une seule fille qui devint Mᵐᵉ Boudot.

L'aîné des deux fils de **JEAN PETIT, JEAN-CLAUDE-LOUIS PETIT,** né à Théméricourt le 26 avril 1737, fut tenu sur les fonts baptismaux par son oncle Claude Auger, prieur de Théméricourt, et par Madame Marie-Louise-Marguerite de Brionneaut, dame de Théméricourt, épouse de Monsieur de Beauregard.

Il fut d'abord laboureur à Théméricourt et, le 28 janvier 1766, épousa **MARIE-BLANDINE LASSERAY,** dont la généalogie a été donnée plus haut dans un chapitre spécial. Par une curieuse coïncidence, les deux époux étaient l'un et l'autre filleuls d'un oncle, prêtre et s'appelant Claude. D'après leur contrat, que je possède, passé à Paris le 28 novembre 1765, la dot du futur époux fut de 6000 livres, et celle de la future épouse, de 5000, consistant principalement en bestiaux, chevaux,

Magny-en-Vexin. - Eglise Notre-Dame.

semences et matériel agricole, avec rétrocession, pour la Saint-Jean suivante, du bail que ses parents avaient de la ferme de Longuesse, des terres en dépendant et des dîmes de l'Abbaye de Saint-Germain-des-Prés.

Dès lors notre aïeul s'établit à Longuesse, où il acquit une grande quantité de biens et devint l'un des plus riches propriétaires du pays; il a été déjà dit que c'est lui qui racheta des oncles de sa femme la ferme de Longuesse; la principale de ses acquisitions est celle qu'il fit, en 1773, d'une demoiselle Bocquelet, d'une autre ferme, qu'il ne semble pas avoir conservée, et de nombreuses terres. Il a laissé un grand cahier où sont inventoriées toutes les pièces de terre qu'il possédait, rien qu'à Longuesse, au nombre de 169, figurées en outre sur 7 plans comprenant l'ensemble du territoire du village. Il fut le premier maire de celui-ci, de 1789 à 1792.

Successeur de son père, à partir de 1781, dans la charge de Maître de Poste à Magny, c'est dans cette ville qu'il mourut, âgé de 69 ans, le 30 décembre 1806. A cette date, l'ensemble des biens des deux époux s'élevait à plus de 408.000 fr., ainsi qu'il ressort d'un volumineux inventaire, dressé en 1807, et dont la lecture est fort intéressante à plus d'un titre. A côté du matériel de la poste aux chevaux, des semences et fumiers répandus sur les champs, des approvisionnements en fourrages, céréales, bois et victuailles, des bestiaux et volailles, des papiers de famille et des pièces de monnaie, classées par valeurs, on y trouve l'énumération détaillée de tous les meubles, ustensiles de ménage et effets d'habillement plus ou moins usagés ; pêle-mêle s'entrecroisent le rouet à filer, les mouchettes avec leur plateau, le parapluie de taffetas vert, la mappemonde et la sphère armillaire montées sur leurs pieds, la seringue d'étain, les 180 livres, tous sur des sujets de dévotion, le rosier artificiel dans sa cage de verre ; rien ne manque (il faut bien que les notaires vivent), ni une chaise boiteuse, ni un pot ébréché, ni toute cette brocante, alors sans valeur, qui s'accumulait dans les greniers des vieux ménages. En même temps, par les évaluations de chaque objet, on se rend compte des prix des choses à cette époque et on peut les comparer à ceux d'aujourd'hui. En voici quelques aperçus :

17 chevaux, classés en maillets, bricoliers et bidets, tous hors d'âge et dont deux aveugles : ensemble 1630 fr. ;

L'hectolitre d'avoine battue : 5 fr. ; de blé froment : 16,75 ;

Eglise de Magny. - Monument des Villeroy, seigneurs de Magny.

La gerbe non battue d'orge : 0,35 ; de seigle ou d'avoine : 0,50 ; de blé : 0,75 ;
Les 100 bottes de fourrage : 20 fr. ;
Argenterie de table : de 200 à 206 fr. le kilo ;
2 montres en or, à répétition : 110 et 120 fr. ;
Vin du pays (1), avec les fûts : 31 fr. 50 l'hectolitre ;
Vin, crû de Bourgogne : 1 fr. la bouteille ;

35 mètres de grosse toile jaune écrue de chanvre, 4 mètres de toile de coton étroite, 83 mètres de ménage étroite et 17 mètres de pareille toile plus large : le tout ensemble 278 fr.

A ces taux on conçoit que les 408.000 francs des époux **PETIT-LASSERAY** représentaient une jolie fortune (2).

(1) A cette époque on cultivait encore la vigne dans la région, et maints habitants figurent avec la qualification de vignerons dans des actes datant du début du xIxe siècle.

(2) Parmi les papiers inventoriés figure une reconnaissance non payée de 120 fr. « par l'administration du Vélocifère pour indemnité due aux maîtres de poste ». Mystère ?

MARIE-BLANDINE LASSERAY survécut à son mari et continua quelques années encore à gérer la poste aux chevaux, qui occupait l'une des premières maisons à droite après l'entrée de la ville par la pittoresque Porte de Paris. La situation de cette poste sur la grande route de Paris à Rouen lui donnait une grande importance et mettait ses tenanciers en relations avec nombre de personnages de marque, qui ne se faisaient pas scrupule de recourir parfois à leur bourse. Parmi les papiers de la riche maîtresse de poste analysés après sa mort dans un nouvel inventaire analogue au précédent, on a trouvé un certain nombre de billets impayés revêtus des signatures les plus variées, notamment une créance de 5.200 fr. sur le prince Ferdinand de Rohan, ancien archevêque de Cambrai, et la princesse Charles de Rohan-Rochefort.

Notre aïeule mourut à Magny le 23 février 1823, dans sa 86ᵉ année. Les anciens de la famille rapportaient qu'elle était une personne fière et aristocratique, dont les allures paraîtraient étranges aujourd'hui. Le seul trait dont j'aie gardé souvenir est qu'elle se faisait suivre à la messe par une servante chargée de porter son livre. Certes, elle ne devait pas s'y trouver dépaysée vis-à-vis des anciens seigneurs et noble dame de pierre agenouillés sur leurs tombeaux dans la belle église Renaissance.

Il a été fait de **J.-CL.-L. PETIT** et de sa femme deux beaux portraits au pastel, grandeur naturelle; le premier et une mauvaise copie du second sont actuellement la propriété du dernier héritier du nom de **PETIT**; ils sont reproduits en tête de cet opuscule. L'original du portrait de **M.-B. LASSERAY** passa dans la famille HAMOT lors du partage de la succession, et est maintenant disparu (1).

*
* *

JEAN-CLAUDE-LOUIS PETIT et **MARIE-BLANDINE LASSERAY** eurent pour enfants :

Génération
de départ

1° MARIE-ÉLISABETH, née à Longuesse le 27 avril 1767, morte à Longuesse le 15 décembre 1782;

2° JACQUES-JEAN, né le 5, mort le 7 mars 1768;

3° LOUISE-BLANDINE (LUDOVICQUE dans la vie courante), née le 14 novembre 1769, qui épousa, le 4 février 1793, JEAN-MARIE-GABRIEL HAMOT, en lui apportant, avec sa dot, le bail de la ferme et des terres de Genainville, qui provenaient vraisemblablement de la famille **AUGER**. De ce mariage sont issues les familles HAMOT et SAVARIN, encore assez nombreuses, ainsi qu'il ressort du tableau synoptique G, ci-après;

4° **LOUIS-FRANÇOIS-JOSEPH**, né à Longuesse le 22 mai 1772, dont il sera parlé tout à l'heure avec plus de détails;

5° AMBROISE-CHARLES, né le 22 octobre 1775, mort le 6 décembre 1776;

6° AUGUSTIN-ANTOINE, né le 8 octobre 1776, non marié, parti en l'an II en qualité de haut-le-pied dans les équipages de l'artillerie, et disparu dans l'affaire de Pont-à-Marq, près de Lille, le 3 prairial an II (22 mai 1794), quelques jours avant les victoires de Hooglède et de Fleurus. Lors du partage des biens de ses parents, son lot fut réservé et divisé également entre son frère et sa sœur, seuls survivants, pour qu'ils le lui rendissent s'il revenait; dix-neuf ans plus tard il n'avait pas encore donné signe de vie et il ne paraît pas que, dans la suite, on ait plus eu jamais de ses nouvelles;

7° AMBROISE-LOUIS, né le 11, mort le 16 janvier 1779.

L'ensemble des anciens membres de la famille **PETIT** est résumé par le tableau C.

*
* *

Le 5 floréal an II (24 avril 1794), **LOUIS-FRANCOIS-JOSEPH PETIT**, alors âgé de

---

(1) J'ai fait de vaines recherches en vue de retrouver ce portrait. Il semble en ressortir qu'il dut échoir à M. GABRIEL SAVARIN aîné (tête de la 2ᵉ génération du tableau G), qui mourut sans enfants et dont le mobilier disparut ensuite entre des mains étrangères à la famille.

20

22 ans, avait épousé, malgré l'opposition de ses parents qui ne signèrent pas au registre de l'état-civil, Françoise-Angélique Petit, née à Magny le 14 mars 1774 et qui, malgré son nom, n'était certainement pas une de ses proches parentes (1). L'année suivante, il en eut une fille : HENRIETTE-JOSÈPHE-BLANDINE, dont il sera reparlé dans la suite de ces notes.

Le désaccord n'ayant pas tardé à se mettre dans le ménage, il profita de la loi du divorce, établie depuis peu (20 septembre 1792), et son mariage fut rompu suivant acte reçu par l'officier civil de la commune de Magny en date du 9 germinal an III (8 avril 1795); sa fille lui fut laissée, avec charge de lui servir une pension alimentaire de 300 livres. Dans la suite, son ancienne femme épousa d'abord Antoine-Bertrand Laporterie, officier de santé à Magny même, où il semble qu'il ait joué un rôle assez actif pendant la Révolution. Elle en eut une fille : Madeleine-Héloïse Laporterie, qui mourut célibataire en 1847. Devenue veuve, Françoise-Angélique Petit épousa Jean-Louis Mautemps, à qui elle survécut également. Elle mourut le 15 septembre 1860 à Magny, où sa tombe existe encore non loin de celle de notre aïeul.

Magny. - La porte de Paris.
(Une diligence est arrêtée devant l'ancienne poste aux chevaux. La maison où les époux Petit se retirèrent dans leur vieillesse se trouve, précédée d'une cour triangulaire, en avant du plan de la vue, non loin des deux écoliers).

Quant à celui-ci, il se remaria, le 3 prairial an V (22 mai 1797), avec **MARIE-LOUISE ROUSSEL,** de deux ans plus âgée que lui, dont la généalogie a été développée ci-dessus.

Il est probable que ces deux mariages, contractés pendant la période révolutionnaire, furent purement civils, de sorte que le second put être célébré religieusement après le rétablissement du culte.

D'après le contrat, que je possède, passé à Pontoise le 30 floréal an V (19 mai 1797), le futur époux apportait une somme de 3000 livres, tant en effets mobiliers qu'en créances, et ses parents lui assuraient en outre une dot de 8000 livres (2), consistant principalement en bestiaux, grains, fourrages et matériel agricole. De son côté, la future épouse apportait, en effets mobiliers à son usage, une somme de 300 livres provenant de ses gains et épargnes, et ses parents lui

(1) Elle avait pour père Jean Petit, marchand à Magny, fils de Vincent Petit, de la paroisse de Saint-Roch, à Paris.
(2) Cette dot fut portée plus tard à 12374 livres, soit 12219 fr. 32 centimes, ainsi que celle de Mᵐᵉ Hamot.

21

donnaient une dot de 6000 livres, tant en objets mobiliers qu'en deniers comptants. Par le même acte, les parents du futur époux affermaient à leur fils pour 9 années la ferme de Longuesse, où ils se réservaient un corps de bâtiment pour leur habitation personnelle, ainsi que ses dépendances, pouvant former environ 148 arpents (75 hectares), moyennant un loyer annuel principal de 3400 livres, plus les travaux d'entretien courants du domaine, les réparations des bâtiments, les impôts, 8 dindons, 12 chapons, 6 canards, 18 poulets, la moitié des fruits du jardin, le lait et les œufs nécessaires à la consommation des parents tant qu'ils habiteraient Longuesse, six journées de voiture pour charrier leur bois et leur vin, enfin le logement et la nourriture de leur bidet et de ceux de leurs enfants et amis qui viendraient les visiter. Ce bail fut renouvelé pour 12 ans, à des conditions analogues, le 27 juin 1806.

Plus tard, **LOUIS-FRANÇOIS-JOSEPH PETIT,** tout en continuant d'exploiter la ferme de Longuesse, succéda à ses parents à la poste aux chevaux de Magny. Devenu vieux, il voulut la céder à son fils ANTOINE-ROBERT, qui refusa. Il la vendit alors, en 1836, à un M. Delacour, pour un prix d'environ 100.000 fr., dont il remploya un peu plus de la moitié à l'achat d'une ferme et de terres à Molaincourt. Mais, peu de temps après ces transactions, le notaire qui les avait conduites

Longuesse. - Eglise Saint-Gildard.

prit la fuite sans avoir effectué les paiements, de sorte que notre aïeul subit une perte considérable.

Les postes aux chevaux, jadis si florissantes, allaient d'ailleurs disparaître bientôt sous la poussée implacable du progrès, et les routes de la région, qu'égayaient à cette époque les grelots des attelages et les claquements de fouet des postillons, ne retentissent plus guère maintenant que des hurlements des autos et des coups de sifflet du tortillard départemental.

L.-F.-J. PETIT fut adjoint au maire de Longuesse de 1808 à 1815.

LOUIS-FRANÇOIS-JOSEPH PETIT et **MARIE-LOUISE ROUSSEL** formaient un ménage uni, doué de solides vertus domestiques, et tous ceux qui les ont connus n'en parlaient qu'avec un affectueux respect. Retirés sur leurs vieux jours à Magny, dans une maison qu'ils avaient fait construire à l'angle de la rue de Crosne et de la rue du Four-à-Chaux, à gauche immédiatement avant d'entrer par la Porte de Paris, les vieux époux y moururent, le mari âgé de 80 ans, le 21 janvier 1852, la femme, âgée de 84 ans, le jour de Pâques, 16 avril 1854. Leurs tombes jumelles existent encore dans le cimetière, non loin de celles de divers autres membres ultérieurs de la famille, et l'on y relève les coquilles naïves d'un graveur de lettres vraiment peu lettré : « A NOTRE BONNE ET JURDULGENTE MÈRE MARIS-LOUISE ROUSSEL... »

J'ignore de qui maints de leurs proches descendants tenaient ce « caractère des Petit », parfois difficile, se manifestant surtout par une volonté irréductible.

En 1840, mes bisaïeuls avaient fait, entre leurs enfants, le partage anticipé de leurs biens, dont le montant s'élevait alors à 162.000 francs. Ceux-ci comprenaient notamment les terres et la ferme de Longuesse, qui, successivement entre les mains des **GUILLOU**, des **LASSERAY** et des **PETIT**, avait été si longtemps, sous l'égide de la vieille église consacrée à « Monsieur Saint-Gildard », le foyer ancestral et comme le centre de ralliement de la famille. Pendant quelques années, elle fut encore gérée par l'aîné des fils, JEAN. Mais, peu après le décès du père de famille, des dissentiments s'élevèrent entre ses héritiers et la ferme dut être vendue. Elle fut achetée, le 14 avril 1852, par M. Amand Lefèvre, dont les descendants la possèdent encore. Cette ferme est la première que l'on trouve à droite, en venant de Condécourt, à l'angle de la route qui franchit la rivière d'Aubette et mène à Sagy. Au point de vue architectural, les bâtiments, énumérés dans maints actes de famille, ne présentent aucune particularité caractéristique; dans une chambre, une plaque de cheminée est ornée

Longuesse. - Ancienne ferme GUILLOU-LASSERAY-PETIT. - Etat actuel.
(La maisonnette de droite est sans doute le logement que les époux PETIT-LASSERAY s'étaient réservé en louant la ferme à leur fils, et aussi où avait eu lieu la descente de police lors de l'arrestation de l'abbé LASSERAY).

d'un écusson représentant un faisceau de trois épis de blé, armes parlantes de longues lignées de laboureurs.

Quant aux terres environnantes, partagées entre six des enfants, elles furent successivement aliénées soit par ceux-ci, soit par leurs héritiers, au grand scandale de quelques anciens de la famille, qui considérèrent cet abandon comme un véritable sacrilège et ne le pardonnèrent jamais. Un seul de leurs descendants a tenu à conserver comme une pieuse relique la part familiale respectée aussi par ses parents, l'a augmentée d'un legs et de quelques rachats ultérieurs, et est parvenu ainsi à reconstituer entre ses mains environ un quart du domaine des époux **PETIT-ROUSSEL.**

*
* *

Certaines personnes, apprenant que je m'occupais de recherches généalogiques, m'ont demandé si j'allais établir un « arbre ». Évidemment elles ne se rendaient pas compte du nombre de branches et de rameaux qu'il y aurait eu à lui donner, ou plutôt ce serait presque une forêt qu'il aurait fallu planter pour représenter tous les parents relatés dans la présente étude. Quel statisticien dénombrerait les gouttes d'eau répandues sur leurs fronts à leurs baptêmes, les tressaillements de leurs cœurs juvéniles, les joies et les souffrances de leurs existences laborieuses ou les aunes de toile employées pour leurs linceuls?

Dans les deux tableaux D et E, je me suis borné à relater les ascendants directs retrouvés de **LOUIS-FRANÇOIS-JOSEPH PETIT** et de **MARIE-LOUISE ROUSSEL,** sans les encombrer des lignes collatérales, indiquées pour la plupart dans les tableaux précédents. On a vu, en effet, combien chaque famille était généralement nombreuse. Certes, en ces temps où l'hygiène était à peu près inconnue, beaucoup d'enfants mouraient dès leurs premiers jours ou leurs premières années; mais il en restait un nombre imposant pour multiplier l'espèce, et les grands âges auxquels parvenaient la plupart des survivants sont l'indice d'une race saine et vigoureuse. Ce sont, avant tout, ces robustes lignées paysannes qui, ayant plus directement sous les yeux l'exemple de la terre féconde, ont entretenu et développé la vitalité de la nation française.

Les époux **PETIT-ROUSSEL** n'ont pas déchu de leurs devanciers, puisqu'à leur tour ils ont eu neuf enfants. Mais, après eux, les familles sont devenues beaucoup moins nombreuses.

Nous allons passer une revue des générations qui leur ont succédé, réunies dans le tableau F, qui donne la liste de leurs descendants jusqu'à ce jour, avec les dates de naissance et de décès de ceux qui n'existent plus. Tous ont donc comme ancêtres directs tous les parents mentionnés dans les tableaux D et E.

Ces derniers forment les racines d'un arbre qui aurait pour tronc le ménage **PETIT-ROUSSEL** et pour rameaux les parents du tableau F. Au milieu de 1926, le nombre total de ces descendants est de 125, non compris leurs conjoints.

IV. DESCENDANTS DE LOUIS-FRANÇOIS-JOSEPH PETIT

Maintenant très dispersés, ces descendants, réunis et numérotés dans le tableau F dont il vient d'être question, n'ont pourtant pas encore perdu, pour la plupart, toute notion de parenté entre eux. C'est surtout à leur intention que j'ai rédigé ces notes. Toutefois je me bornerai maintenant à quelques détails sur les représentants des deux premières générations, laissant aux Dangeaux futurs le soin de s'occuper des suivants, si cela les intéresse.

Il a été dit que, de sa première femme, Françoise-Angélique Petit, notre aïeul commun avait eu une fille :

I. — HENRIETTE-JOSÈPHE-BLANDINE (n° 2 du tableau), née à Magny le 14 pluviôse an III (2 février 1795). Il l'éleva dans son second ménage et la maria, à Longuesse, le 16 juin 1813, à Jean-Narcisse Sulpice. C'était une toute petite femme, d'un caractère bizarre, sur laquelle on racontait d'amusantes anecdotes. En omnibus, elle voulait payer deux places pour elle seule afin de ne pas déformer sa crinoline, et comme le conducteur refusait de se prêter à cette combinaison, elle descendait avec éclat, en proclamant que ses moyens lui permettaient bien de prendre un fiacre. Son mari tenait une pâtisserie, dont elle était la cliente la plus assidue, sinon la plus rémunératrice ; souvent en querelle avec lui, elle montait sur un tabouret pour le souffleter plus facilement et maugréait de ce que « le lâche » ne l'attendait pas. D'ailleurs ils se séparèrent de biens le 12 août 1831. Elle mourut à Paris, sans enfants, en 1867 ou 1868.

De sa seconde femme, **MARIE-LOUISE ROUSSEL, LOUIS-FRANÇOIS-JOSEPH PETIT** eut neuf enfants, dont sept arrivèrent à l'âge adulte.

II. — L'aîné, JEAN PETIT (n° 3 du tableau), naquit à Longuesse le 29 pluviôse an VI (17 février 1798), épousa, à Courdimanche, en juillet 1824, Sophie-Félicité Hamot (1805 † 1886) et mourut à Pontoise le 17 mai 1862. Il fut cultivateur, adjoint au maire de Longuesse de 1826 à 1840, et, comme il a été dit plus haut, fit valoir la ferme de Longuesse jusqu'en 1852, époque où elle sortit de la famille.

C'est là que naquirent ses trois filles :

1° Félicité-Lucie (n° 12), née le 20 juin 1825, mariée à Longuesse, le 15 avril 1844, à Auguste-Aimé Lefèvre, boucher à Paris (1814 † 1893), et morte à Pontoise, presque centenaire, le 10 février 1924, laissant une nombreuse descendance. Grâce à la longévité de sa mère, on put voir pendant plusieurs années dans sa famille cinq générations représentées simultanément de mères en filles. Plus tard, Mme Lefèvre connut à son tour les petits-enfants d'une de ses petites-filles.

2° Esther-Félicité-Antoinette (n° 13), née le 16 avril 1828, mariée à Longuesse, le 16 octobre 1848, à Charles-Eugène Normand, fonctionnaire à la Compagnie du Chemin de fer P.-L.-M. (1821 † 1879), morte sans enfants à Pontoise le 11 mars 1920. Physiquement disgraciée de la nature, elle avait un caractère primesautier, auquel n'était peut-être pas étranger l'atavisme de sa tante SULPICE et de sa bisaïeule **BLANDINE PETIT-LASSERAY**, et des sentiments de famille très développés. Elle a toujours témoigné à mon père et à moi une vive affection, d'ailleurs partagée, et c'est d'elle que j'ai recueilli quelques-uns des détails rétrospectifs reproduits dans cette note.

3° Aglaé-Onésime (n° 14), née le 31 août 1836, mariée à Longuesse, le 10 octobre 1853, à

FRANÇOIS-CHARLES VALENTIN, cultivateur à Molincourt (1825 † 1895), morte à Magny le 1ᵉʳ juillet 1919, après avoir eu, elle aussi, trois filles et des petits-enfants.

III. — HÉLÈNE PETIT (n° 4), née à Longuesse le 27 thermidor an VII (14 août 1799), mariée à Longuesse, le 7 février 1820, à JEAN-BAPTISTE SAINTARD, cultivateur à Blamécourt (1791 †. 1878), morte à Magny en mars 1864 après avoir eu deux enfants :

    1° LOUIS-ALEXANDRE SAINTARD (n° 15), né en 1823, marié à LOUISE-ROSINE THOMAS (1826 † 1895), épicier à Ecouen, mort à Paris, le 5 mai 1884, laissant trois enfants;

    2° LOUISE SAINTARD (n° 16), (1826 † 30 octobre 1862), mariée à FRANÇOIS-FÉLIX LEGRAND, épicier (1813 † 1901), qui eut également trois enfants et d'assez nombreux descendants.

IV. — LOUISE-ARSÈNE-FÉLIGONE PETIT (n° 5), née à Longuesse le 17 pluviôse an IX (6 février 1801), mariée à Magny, en juillet 1922, avec NICOLAS SEHEUT, cultivateur à Charmont (1795 † 1877), morte à Magny le 18 octobre 1866, après avoir eu deux enfants :

    1° LOUISE-SEHEUT (n° 17), morte à l'âge de 7 ou 8 ans;

    2° ARSÈNE SEHEUT (n° 18), née en 1835, mariée à FRÉDÉRIC-VICTOR HOLZBACHER, négociant-commissionnaire en marchandises à Paris (1822 † 1881), morte à Paris le 24 juin 1908, laissant deux enfants et des petits-enfants.

V. — **MARIE-ELISABETH PETIT** (n° 6), née à Longuesse le 18 nivôse an XI (8 janvier 1803), mariée à Magny, en août 1824, à **CLÉMENT FERET,** hôtelier à Paris (1787 † 1878), morte à Paris le 21 juillet 1872, eut trois enfants :

    1° CLÉMENT FERET (n° 19), né en 1825, qui mourut âgé d'environ 9 ans;

    2° MARIE-LOUISE FERET (n° 20), née à Paris le 6 août 1826, mariée, à Magny, en septembre 1844, à son oncle FRANÇOIS-VICTOR PETIT (n° 11, voir plus loin), puis, après le décès de celui-ci, à PIERRE SOUBIRAN, négociant à Paris (1813 † 1877); morte à Paris, le 19 mars 1905, laissant des enfants de ses deux mariages;

    3° **CONSTANT FERET** (n° 21), né à Paris le 23 avril 1829, marié à Etrépagny (Eure), le 20 avril 1857, à **LÉONIE-CÉLESTINE GUERBE** (1837 † 1911), mort à Lion-sur-Mer (Calvados), le 2 avril 1921. Ce furent mes parents.

VI. — ANTOINE-ROBERT PETIT (n° 7), né à Longuesse le 2 nivôse an XIII (23 décembre 1804), marié en 1834 à ADRIENNE-ÉMILIE LOISEAUX (1813 † 1868), mort à Paris le 19 février 1887. C'est à lui que son père destinait la poste aux chevaux de Magny, où il fut même quelque temps postillon. Devenu maître d'hôtel à Paris, puis propriétaire, ses qualités de travail, d'ordre et d'économie le conduisirent à une belle fortune, qui, jointe à une certaine rigidité de caractère, ne manqua pas de lui susciter quelques envieux dans la famille. Bien loin de m'associer à ces griefs, je suis heureux d'avoir ici l'occasion de lui payer ma dette de reconnaissance, car il m'a toujours entouré d'une vive affection, dont il m'a donné des témoignages inoubliables; c'est par lui, notamment, que je suis entré en possession d'une quantité de papiers de famille qui ont été le point de départ des présentes recherches généalogiques.

    Après avoir perdu un enfant en bas âge, qu'il pleurait encore dans ses vieux jours, ANTOINE PETIT eut une fille, MARIE-ERNESTINE (n° 22), née en 1839, morte sans enfants, à Paris, le 14 janvier 1893, après avoir épousé successivement HENRI INGRAIN, notaire à Paris (1827 † 1870), puis EMILE ALLÉMANDI, banquier à Paris (1835 † 1892), et avoir fréquenté les salons du second empire.

VII. — GABRIEL-THÉOPHILE PETIT (n° 8), né à Longuesse le 26 octobre 1806, mort célibataire à Ecouen le 18 mai 1859, n'a jamais exercé aucune profession et a vécu, d'abord à Magny avec ses parents, puis à Ecouen chez son neveu SAINTARD. Lors des donations anticipées faites par ses parents et des partages de leurs biens après décès, sa part et celle de sa sœur consanguine Mᵐᵉ SULPICE furent partagées entre leurs six frères et sœurs moyennant constitutions de rentes viagères.

VIII. — Deux petites filles qui ne vécurent que quelques mois : CAMILLE-LYDIE (n° 9, 12 octobre 1808 † 21 janvier 1809), et ÉMILIENNE (n° 10, 24 décembre 1809 † 21 mars 1812).

Louise PETIT
(Mme SEHEUT)
(1801 † 1866)

Elisabeth PETIT
(Mme FERET)
(1803 † 1872)

Louis-François-Joseph PETIT
(1772 † 1852)

Antoine PETIT
(1804 † 1887)

Victor PETIT
(1812 † 1853)

(Les portraits des autres frères et sœurs manquent.)

IX. — FRANÇOIS-VICTOR PETIT (n° 11), né à Longuesse le 11 avril 1812, fabricant de peignes à Paris, marié en 1844 à sa nièce MARIE-LOUISE FERÉT (n° 20), mort à Paris le 9 février 1853. De ce mariage naquirent deux enfants :

> MATHILDE PETIT (n° 23), née à Paris le 2 avril 1836, mariée en 1870 à PAUL-THÉOPHILE PETITJEAN (1844 † 1884), quincaillier en gros à Paris. Veuve de bonne heure, elle eut en outre la douleur de survivre à deux de ses trois enfants et vient de mourir le 16 juillet 1925 ;
>
> LOUIS-EDMOND PETIT (n° 24), né à Paris en octobre 1850, marié le 24 juin 1879 à EUGÉNIE-VICTORINE HYVERNAT (1859 † 1920), dont il eut deux enfants.

Son fils MAURICE et son petit-fils ALAIN sont les derniers représentants masculins du nom des **PETIT** dans notre branche. Les plus proches parents du même nom pouvant exister encore seraient des descendants de **LÉGER PETIT,** qui, comme on l'a vu, vécut pendant la première moitié du xviiie siècle.

Maurice PETIT

Alain PETIT

Les deux derniers PETIT en 1926.

Pour la première fois réunis tous ensemble,
Vieux parents, la plupart ignorés entre vous,
Vos âmes, à l'appel de ma plume qui tremble,
　　Par essaims voltigent vers nous.

Voici que, de nouveau, vous retournez les plaines;
Votre main fait pleuvoir le grain dans les sillons;
Le voyageur accourt des étapes lointaines
　　Au galop de vos postillons.

Officiers à la Cour et receveurs de dîmes,
Vivaces laboureurs, ministres de l'autel,
Labeurs persévérants, maternités sublimes,
　　Soyez notre exemple immortel.

Puisque vos actions, au sombre oubli ravies,
Ont pu revoir le jour hors des poudreux dossiers,
Malgré l'humilité de vos modestes vies,
　　Vous n'êtes pas morts tout entiers.

Tant qu'un père à son fils transmettra vos images,
Tant qu'un de leurs enfants en mon livre lira,
Tant que la dent du Temps respectera ces pages,
　　Tressaillez! votre nom vivra.

Mais si, chez un blasé sans foi ni déférence,
L'hommage qu'aujourd'hui je vous apporte à tous
Ne trouvait qu'un sourire ou que l'indifférence,
　　Pauvres aïeux, rendormez-vous.

René FERET
L'auteur en 1926.

30

TABLEAU A

Résumé d'une partie de la famille **LASSERAY**

(S D : Sans descendance ; — D I : Descendance inconnue).

5me Gon	4me GÉNon	3me GÉNÉRATION	2me GÉNÉRATION	1re GÉNÉRATION ASCENDANTE	GÉNÉRATION DE DÉPART	GÉNÉRATIONS DESCENDANTES
Louis LASSERAY, marié à Denise PARQUET	**Louis LASSERAY,** sieur des Bourbies, marié à Charlotte de LORME	LOUIS LASSERAY / MARTIN LASSERAY	D I			
		Denise LASSERAY, mariée à **Roger PETIT**	**Léger PETIT**	Suite au tableau C		
		MARIE LASSERAY / PAULINE L. / CATHERINE L.	D I			
	Denis LASSERAY (le père) marié à Michelle **CAUCHOIS**	Denis de **LASSERAY** (le fils), marié à Denise Becquet, remarié à Magdelaine **GUILLOU**	DENIS LASSERAY	S D		
			Marie LASSERAY, femme Valentin	Pierre-François Valentin / Jean-Baptiste Valentin / Denis Valentin	D I	
				Marie-Madeleine V., femme Devicques	Louis-Charles Devicques / Gabriel-Valentin Devicques / Eustache-François Devicques	D I
				Denise V., femme Dailly / Marguerite V., femme Prieur	D I	
				Antoine Lasseray, dit du Palais	D I	
				Marie-Anne L., femme Devicque, puis d'Hostel	François-Léger Devicque / Marie-Blandine Devicque / Louis-Georges-Pierre d'Hostel	D I
				Jacques-Jean Lasseray, dit Duménil	D I	
			Antoine LASSERAY	Marie-Jeanne L., femme Lécuyer / **Marie-Blandine LASSERAY,** femme **J.-Cl.-L. PETIT**	Louise-Blandine P., femme Hamot	Suite tableau G
					Louis-François-Joseph **PETIT**	Suite tableau F
					Augustin-Antoine Petit	S D
				Denis-Augustin Lasseray	Marie-Élisabeth L., (femme Join ?) / Jean-Baptiste-Ambroise Lasseray / Augustin-Guillaume Lasseray / Athanase-Louis Lasseray / Antoine-François Lasseray / Anne-Adélaïde L., femme Flichy / Denis-Léger Lasseray	D I
			CLAUDE LASSERAY, prêtre .	S D		
			MARIE L., femme Becquet . . .	Jean Becquet	D I	
				Jean-Baptiste-François Lasseray / Marie-Louise Lasseray	D I	
			JEAN LASSERAY	Geneviève-Bonne L., femme Andry . .	Athanase Andry / Augustin Andry	S D
				Jacques-Ambroise Lasseray	Marie-Thérèse Lasseray	D I
				Cyprien-Athanase Lasseray / Félicité-Suzanne L., femme Verger	D I	
			JEAN-FRANÇOIS LASSERAY	S D		

TABLEAU B

Résumé d'une partie de la famille **ROUSSEL**

(S D : *Sans descendance;* — D I : *Descendance inconnue*)

5me Gon	3me Gon	4me Gtion	2me GÉNÉRATION	1re GÉNÉRATION ASCENDANTE	GÉNÉRATION DE DÉPART	1re GÉNÉRATION DESCENDANTE	2me GÉNon
Norbert ou Isambert ROUSSEL	Denis ROUSSEL, marié à Anne GRESLE	Augustin ROUSSEL, marié à Charlotte ROGER	x ROUSSEL, femme Josse — D I				
			AUGUSTIN ROUSSEL CHARLOTTE ROUSSEL, femme Couteux LOUIS ROUSSEL } D I				
			Claude ROUSSEL, marié à Jeanne PETIT	CLAUDE ROUSSEL, mari de MARIE-GENEVIÈVE PETIT JEANNE ROUSSEL, femme J.-B. Bertaux } D I			
				MADELEINE ROUSSEL, femme NICOLAS PETIT } 5 enfants (voir tableau C)			
				D. M. CATHERINE ROUSSEL, femme Ch. Bertaux MARIE-LOUISE ROUSSEL } D I			
					MARIE-JEANNE-ROSALIE ROUSSEL } S D		
				François-Thomas ROUSSEL, marié à Marie-Marguerite PETIT	FRANÇOIS ROUSSEL	M. L. Félicité R., femme Delaizement Jean-François-Victor Roussel Nicolas-Zacharie Roussel M. L. Françoise R., femme Caffin Claude-Paschal Roussel	3 filles 2 enfants 2 enfants 4 enfants 1 fille
					CLAUDE ROUSSEL	François Roussel Denise-F.-P. Roussel, femme Lemaire Nicolas-Firmin Roussel Marie-Marguerite R., femme Dauvergne Joseph-Victor Roussel François-Augustin Roussel Elisabeth-Emilienne R., femme Foin	3 enfants 3 enfants 2 enfants 1 fille 3 enfants 7 enfants 3 filles
					Marie-Louise ROUSSEL, mariée à Louis-François-Joseph PETIT } Suite au tableau F		
				ANTOINE ROUSSEL MARIE-JEANNE ROUSSEL ANDRÉ ROUSSEL, mari de M. M. R. Leroy CHARLOTTE ROUSSEL } D I			
			CÉCILE ROUSSEL ANDRÉ ROUSSEL NICOLAS ROUSSEL } D I				

TABLEAU C

Résumé d'une partie de la famille **PETIT**

(S D : *Sans descendance*; — D I : *Descendance inconnue*).

6me Gon	5me GÉNÉRATION	4me GÉNÉRATION	3me GÉNÉRATION	2me GÉNÉRATION	1re GÉNÉRATION ASCENDANTE	GÉNÉRATION DE DÉPART	GÉNÉRATIONS DESCENDANTES
Roger PETIT, l'ancien	ANNE P., femme Balleux NICOLAS P. FRANÇOISE P. PIERRE P.	D I	MARIE PETIT FRANÇOISE P., femme Vicques	D I			
	Robert PETIT, marié à Marie LAMBERT	Roger PETIT, le père, marié à Marie AUGER	Roger PETIT, le fils (marié à Denise LASSERAY)	Léger PETIT marié à Marie-Catherine AUGER	JACQUES-LÉGER PETIT NICOLAS-SULPICE PETIT JEAN-ROGER PETIT MICHEL PETIT ROBERT-MARIE PETIT MARIE-JEANNE PETIT, femme Delaissement MARIE-MADELEINE PETIT, femme Bais	D I	
					Marie-Marguerite PETIT, femme de François-Thomas ROUSSEL	MARIE-JEANNE-ROSALIE ROUSSEL FRANÇOIS ROUSSEL CLAUDE ROUSSEL	Voir tabl. B
						Marie-Louise ROUSSEL, femme L.-F.-J. PETIT	Suite tabl. F
				Léger PETIT remarié à Anne Rouget	M.-J.-CATHERINE PETIT, femme Lainé	Léger Lainé Raphael Lainé Denis Lainé	D I
				MARIE-JEANNE PETIT, femme R. Leroy	Marie-Anne Leroy, femme Reyer Anne-Geneviève L., fme Damville Marie-Marguerite-Rose Leroy, femme Ozanne, puis A. ROUSSEL	D I	
					Jean-Robert Leroy	M.-S. Adélaïde L., fme Tissier Marie-Geneviève Leroy Marguerite Leroy Claude-Robert Leroy Catherine-Rosalie Leroy	D I
			Roger PETIT, le fils (remarié à Jeanne LETTU)		Marie-Geneviève Leroy, femme Bouillette	Denis-André Bouillette Geneviève-Hortense B.	D I
				Jean PETIT, marié à Madeleine-Marguerite AUGER	Jean-Claude-Louis PETIT, marié à Marie-Blandine LASSERAY	LOUISE-BLANDINE P., femme Hamot	Suite tabl. G
						Louis-François-Joseph PETIT	Suite tabl. F
						AUGUSTIN-ANTOINE PETIT	S D
					ROBERT PETIT	Marie-Marguerite-Clotilde Petit, femme Fontaine	7 enfants
					Charlotte-Véronique Petit, femme Delaizement	Louis-Charles Delaizement, marié à M.-L.-F. Roussel	3 filles
						André-Victor Delaizement	S D
						François-Victor Delaizement	4 enfants
				NICOLAS PETIT, mari de MARIE-MADELEINE ROUSSEL	Marie-Madeleine P., fme Trognon Catherine P., femme Forget Marie-Jeanne P., femme Laporte	D I	
					Nicolas-François Petit	S D	
		GUILLAUME P. DENISE P. ROBERT P.	D I	MARIE-GENEVIÈVE PETIT, femme de CLAUDE ROUSSEL	S D		

TABLEAU D
Ascendants directs de Louis-François-Joseph PETIT

6me GÉNÉRATION	5me GÉNÉRATION	4me GÉNÉRATION	3me GÉNÉRATION	2me GÉNÉRATION	1re GÉNÉRATION ASCENDANTE	Génération de départ
Roger PETIT (l'ancien) vivant en 1600 Gilles LAMBERT (le jeune)	Robert PETIT marié à Théméricourt, le 23 novembre 1625, avec Marie LAMBERT	Roger PETIT (le père) Théméricourt, 15 déc. 1638, † Théméricourt, 12 juil. 1724. Marie AUGER née vers 1642, † Théméricourt, 2 juin 1717.	Roger PETIT (le fils) Théméricourt, 29 juin 1678, † Théméricourt, 21 juillet 1744.	Jean PETIT Théméricourt, 29 novembre 1711, † Magny, 24 août 1783.		
	Jacques LETTU marié vers 1630, avec Françoise VICQUES	(Jacques ou Léonard)? (1637) (1640) LETTU	Jeanne LETTU née en 1662, † Théméricourt, 27 février 1735.		Jean-Claude-Louis PETIT Théméricourt, 26 avril 1737, † Magny, 30 décembre 1806.	
		Jean BENOIST? (d'Hérouville) Magdelaine CAFFIN? (d'Hérouville)	Claude AUGER né en 1652 ou 1662, † Théméricourt, 30 janvier 1747. Magdelaine BENOIST née à Hérouville, (le 22 avril 1648).	Madeleine-Marguerite AUGER (Hérouville, 1697)?, † Magny, 25 juin 1780.		Louis-François-Joseph PETIT Longuesse, 22 mai 1772, † Magny, 21 janvier 1852.
	Louis LASSERAY (le père) † Gaillon, 12 nov. 1668. Denise PARQUET (de Sagy)?	Denis LASSERAY (le père) Michelle CAUCHOIS	Denis de LASSERAY (le fils) né à Gaillon, † Longuesse, 12 mai 1728.	Antoine LASSERAY né sans doute à Gaillon, vers 1695, † Meulan, 12 avril 1780.		
		Mathurin GUILLOU né vers 1635, † Longuesse, 31 janvier 1687. Marguerite LE MAISTRE † après 1690.	Magdelaine GUILLOU Longuesse, 2 nov. 1664, † Longuesse, 6 déc. 1748.		Marie-Blandine LASSERAY Longuesse, 25 octobre 1737, † Magny, 23 février 1823.	
			Jacques BEURLIER Marie LE MAISTRE (vivante en 1724)	Marie-Jeanne BEURLIER née vers 1699, † Meulan, 24 mars 1788.		

TABLEAU E
Ascendants directs de Marie-Louise ROUSSEL

6me GÉNÉRATION	5me GÉNÉRATION	4me GÉNÉRATION	3me GÉNÉRATION	2me GÉNÉRATION	1re GÉNÉRATION ASCENDANTE	Génération de départ
	Isambert ou Norbert ROUSSEL (Elisabeth LOUVET)?	Denis ROUSSEL vivant en 1680. Anne GRESLE † Cléry, 17 mars 1674.	Augustin ROUSSEL né vers 1651, † Cléry, 23 mars 1726.)?	Claude ROUSSEL Cléry, 11 août 1694, † Cléry, 22 mars 1774.	François-Thomas ROUSSEL Cléry, 5 février 1735, † Longuesse, 17 février 1812.	Marie-Louise ROUSSEL Longuesse, 11 avril 1770, † Magny, 16 avril 1854.
		Philippe ROGER vivant en 1680. Cécile de LOSCHE née vers 1621, † Cléry, 17 septembre 1703.	Charlotte ROGER (Wy, 1656)?, † Cléry, 22 oct. 1730.			
			Jean PETIT vivant à Guiry avant 1723. Louise BALLEUX	Jeanne PETIT Guiry, 17 mai 1701, † Thémericourt, 24 av. 1779.		
Roger PETIT (l'ancien) vivant en 1600. Gilles LAMBERT (le jeune)	Robert PETIT marié à Thémericourt, le 23 nov. 1625, avec Marie LAMBERT	Roger PETIT (le père) Thémericourt, 15 déc. 1638, † Thémericourt, 12 juillet 1724. Marie AUGER née vers 1642, † Thémericourt, 2 juin 1717.	Roger PETIT (le fils) Thémericourt, 29 juin 1678, † Thémericourt, 21 juillet 1744.	LEGER PETIT Thémericourt, 15 mai 1704, † La Gatine?, entre 1760 et 1768.	Marie-Marguerite PETIT Thémericourt, 11 oct. 1733, † Longuesse, 9 sept. 1802.	
	Louis LASSERAY (le père) † Gaillon, 12 nov. 1668. Denise PARQUET (de Sagy)?	Louis LASSERAY le fils, sieur des Bourbies, † avant 1702. Charlotte de LORME vivante en 1702.	Denise LASSERAY Gaillon, 3 mars 1682, † Thémericourt, 14 avril 1707.			
				Marie-Catherine AUGER † avant 1748.		

TABLEAU F

Descendants de **Louis-François-Joseph PETIT** jusqu'en juillet 1926.

1. Louis-François-Joseph PETIT (1772 † 1852) — de sa deuxième femme : Marie-Louise ROUSSEL (1770 † 1854)

GÉNÉRATION de départ	1re GÉNÉRATION DESCENDANTE	2me GÉNÉRATION	3me GÉNÉRATION	4me GÉNÉRATION	5me GÉNÉRATION	6me GÉNÉRATION
de sa première femme ANGÉLIQUE PETIT (1774 † 1860)	2. HENRIETTE PETIT (Mme Sulpice) (1795 † 1867 ou 68)	12. LUCIE PETIT (Mme Lefèvre) (1825 † 1924)	25. ÉMILIE LEFÈVRE (Mme Gravrand) (1845 † 1892)	47. LUCIE GRAVRAND (Mme Marge)	84. FERNANDE MARGE (Mme Antme Lebrun) 85. ALBERT MARGE	123. ODETTE LEBRUN 124. DENISE LEBRUN 125. LUCIENNE MARGE
			26. CONSTANCE LEFÈVRE (Mme Collet)			
			27. BERTHE LEFÈVRE (Mme Hennocque) (1851 † 1923)	48. LUCIEN HENNOCQUE		
				49. RENÉ HENNOCQUE	86. CHARLES HENNOCQUE 87. MADELEINE HENNOCQUE (Mme Thiron)	
de sa deuxième femme : Marie-Louise ROUSSEL (1770 † 1854)	3. JEAN PETIT (1798 † 1862)	13. ESTHER PETIT (Mme Normand) (1828 † 1920)	28. AUGUSTE LEFÈVRE	50. EUGÈNE LEFÈVRE (1881 † 1925)	88. PAUL LEFÈVRE	
			29. ANNA VALENTIN (Mme Letort, puis Mme de Bellay)	51. ALICE LETORT (Mme Luc. Hennocque)		
				52. SUZANNE DE BELLAY		
		14. AGLAÉ PETIT (Mme Valentin) (1836 † 1919)	30. LUCIE VALENTIN (Mme Quervet)	53. CÉCILE QUERVET (Mme Duval)	89. MARIE-LOUISE DUVAL 90. PIERRE DUVAL	
				54. FÉLIX QUERVET	91. JEAN QUERVET 92. DENISE QUERVET 93. MARIE-MADELEINE Q. 94. FRANÇOISE QUERVET	
			31. BLANCHE VALENTIN (Mme Sereut) (1864 † 1887)	55. GERMAINE SEREUT (Mme Baudrez)	95. SIMONE BAUDREZ 96. SUZANNE BAUDREZ 97. DENISE BAUDREZ	
	4. HÉLÈNE PETIT (Mme Saintard) (1799 † 1864)	15. ALEXANDRE SAINTARD (1823 † 1884)	32. EDMOND SAINTARD (1849 † 1890)			
			33. BLANCHE SAINTARD (Mme Trioullier) (1850 † 1926)	56. LUCIE TRIOULLIER (1886 † 1924)		
			34. GEORGES SAINTARD (1852 † 1892)	57. GEORGES SAINTARD (1883 † 1893)		
				58. EDMOND SAINTARD	98. MARCELLE SAINTARD 99. ARLETTE SAINTARD 100. EDMOND SAINTARD	
				59. MARCELLE SAINTARD (Mme Guillaume)	101. FRANCINE GUILLAUME	
				60. ALEXANDRE SAINTARD	102. FRANÇOIS SAINTARD 103. CLAUDE SAINTARD (garçon) 104. MONIQUE SAINTARD 105. JEAN SAINTARD	
				61. ALFRED SAINTARD	106. JACQUELINE SAINTARD 107. CÉCILE SAINTARD	
		16. LOUISE SAINTARD (Mme Legrand) (1826 † 1862)	35. LUDOVICQUE LEGRAND (Mme Lebesgue) (1846 † 1882)	62. ALBERT LEBESGUE	108. ADELINE LEBESGUE (Mme Lecombe) 109. ERNEST LEBESGUE	126. JACQUES LECOMBE
				63. EMILE LEBESGUE	110. EMILE LEBESGUE 111. ALFRED LEBESGUE 112. GENEVIÈVE LEBESGUE 113. CÉCILE LEBESGUE 114. AGNÈS LEBESGUE	127. BERNARD LEBESGUE
			36. ARTHUR LEGRAND (1847 † 1895)			
			37. ERNESTINE LEGRAND (Mme Garnier) (1849 † 1921)	64. PAUL GARNIER	115. JEAN GARNIER	
				65. ALICE GARNIER (Mme Tissier)	116. JEANNE TISSIER 117. JACQUES TISSIER (1909 † 1910) 118. JEAN TISSIER 119. PIERRE TISSIER (1914 † 1916) 120. FRANÇOIS TISSIER	
	5. LOUISE PETIT (Mme Seheut) (1801 † 1866)	17. LOUISE SEHEUT (morte à 7 ans)				
		18. ARSÈNE SEHEUT (Mme Holzbacher) (1836 † 1908)	38. HENRI HOLZBACHER (1855 † 1917)	66. MARCEL HOLZBACHER (1889 † 1912)		
				67. JACQUES HOLZBACHER	121. NICOLE HOLZBACHER 122. DENISE HOLZBACHER	
			39. MARIA HOLZBACHER (Mme Moret)	68. SUZANNE MORET		
				69. ANDRÉ MORET (1885 † 1919)		
	6. ÉLISABETH PETIT (Mme Feret) (1803 † 1872)	19. CLÉMENT FERET (1825 † 1834 ?)				
		20. LOUISE FERET (Mme Victor Petit, puis Mme Soubiran) (1826 † 1905)	23. MATHILDE PETIT (Mme Petitjean) (1846 † 1925) 24. EDMOND PETIT (1850 † ....) *(voir suite plus bas, à partir du n° 42)*			
			40. HENRI SOUBIRAN (1865 † 1916)			
		21. CONSTANT FERET (1829 † 1921)	41. RENÉ FERET	70. PIERRE FERET 71. RENÉE FERET 72. THÉRÈSE FERET 73. ALBERT FERET 74. LOUIS FERET		
	7. ANTOINE PETIT (1804 † 1887)	22. MARIE PETIT (Mme Ingrain, puis Mme Allémandi) (1839 † 1893)				
	8. GABRIEL PETIT (1806 † 1859)		42. LOUIS PETITJEAN (1872 † 1921)			
	9. CAMILLE-LYDIE PETIT (1808 † 1809)	23. MATHILDE PETIT (Mme Petitjean) (1846 † 1925)	43. MARIA PETITJEAN (Mme Léon Lebrun)	75. PIERRE LEBRUN 76. MARIE-THÉRÈSE LEBRUN 77. ELISABETH LEBRUN		
	10. ÉMILIENNE PETIT (1809 † 1812)		44. ALINE PETITJEAN (Mme Gentilhomme) (1876 † 1923)	78. ANDRÉ GENTILHOMME		
	11. VICTOR PETIT (1812 † 1853)		45. MAURICE PETIT	79. CATHERINE PETIT 80. ALAIN PETIT		
		24. EDMOND PETIT (1850 † ....)	46. MADELEINE PETIT (Mme Lefebvre)	81. PAUL LEFEBVRE 82. COLETTE LEFEBVRE (1914 † 1917) 83. FRANÇOISE LEFEBVRE		

TABLEAU G

Descendants de **Louise-Blandine PETIT** jusqu'en 1926

(S D : *Sans descendance*).

Génération de départ	1re GÉNÉRATION	2me GÉNÉRATION DESCENDANTE	3me GÉNÉRATION	4me GÉNÉRATION	5me GÉNÉRATION	6me GÉNon
Louise-Blandine PETIT, née à Longuesse, le 14 novembre 1769, mariée à Longuesse, le 4 février 1793, avec Jean-Marie-Gabriel HAMOT, né vers 1767.	Alexandrine-Marie HAMOT (Mme SAVARIN)	Gabriel SAVARIN	S D			
		Auxence SAVARIN	S D			
		Armand SAVARIN	Rosine SAVARIN (Mme LEFEVRE)	Armand LEFEVRE	Hélène LEFEVRE / Fernande LEFEVRE	
			Céline SAVARIN (Mme ARTAUT)	Rosine ARTAUT (Mme YVONNEAU)	André YVONNEAU / Isabelle YVONNEAU	Yvonne YVONNEAU
			Armand SAVARIN	Julien SAVARIN	Raymonde SAVARIN	
				Alice SAVARIN (Mme SAUVADE)	Madeleine SAUVADE / Robert SAUVADE / Geneviève SAUVADE	
			Louis SAVARIN	Louis SAVARIN	René SAVARIN	
				Armand SAVARIN	Gilberte SAVARIN	
				Alice SAVARIN	S D	
		Charles-Clément SAVARIN	Maria SAVARIN	Une fille		
			Charles SAVARIN	S D		
	Jean-Gabriel HAMOT	Louis-Gabriel HAMOT	Eugène-Gabriel HAMOT	S D		
			Marie HAMOT (Mme ROUTTIER)	Marthe ROUTTIER (Mme SAGERET)	Marcelle SAGERET (Mme BRUJASSOUX) / Geneviève SAGERET	Simone BRUJASSOUX
				Fernand ROUTTIER	Raymond ROUTTIER	
			Elmire HAMOT (2e Mme HACHE)	S D		
			Augustine HAMOT (1e Mme HACHE)	Paul HACHE	Paulette HACHE / Marcel HACHE	
				André HACHE (mort pour la France)		
				Raymond HACHE		
				Georges HACHE	Andrée HACHE / Lucienne HACHE	
				Lucienne HACHE (morte enfant)		
			Hyacinthe HAMOT	S D		
			Louis HAMOT	S D		
			Eugénie HAMOT (Mme PAYSANT)	Gilberte PAYSANT (Mme SAUNIER)	Simone SAUNIER	
				Gabrielle PAYSANT		
				Raymonde PAYSANT (Mme GRIPPA)	Claude GRIPPA	
	... HAMOT (Mme HURET)	S D				

www.ingramcontent.com/pod-product-compliance
Ingram Content Group UK Ltd.
Pitfield, Milton Keynes, MK11 3LW, UK
UKHW022150170726
13837UKWH00004B/1895